GALERIE

DU

MUSÉE ROYAL.

NOTICE
DES TABLEAUX

EXPOSÉS

DANS LA GALERIE
DU MUSÉE ROYAL.

PRIX : 2 FRANCS.

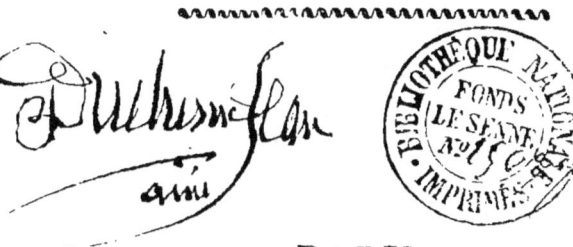

PARIS,

Ve. BALLARD, IMPRIMEUR DU ROI,
RUE J.-J. ROUSSEAU, No. 8.

1826.

AVERTISSEMENT.

La Galerie est divisée en neuf parties; les trois premières, dont l'entrée touche au grand salon, contiennent les Tableaux de l'Ecole française; les trois suivantes ont été destinées aux Écoles allemande, flamande et hollandaise; les trois dernières aux Écoles italienne et espagnole.

Plusieurs tableaux des diverses Écoles, compris dans cette notice, ont été placés dans les deux salles qui précèdent la galerie.

Les lettres *M. R.*, mises à la fin de plusieurs articles, indiquent les tableaux gravés dont le public peut se procurer les estampes à la Calcographie du Musée Royal.

GALERIE DU MUSÉE ROYAL.

ÉCOLE FRANÇAISE.

BAUGIN, (Lubin) *vivait vers l'an 1660.*

1. La Sainte-Famille.

BLANCHARD, (Jacques) *né à Paris en 1600, mort dans la même ville en 1638; neveu et élève de Nicolas Bolleri.*

2. La Charité. Elle allaite un enfant; un second est sur ses genoux; trois autres jouent à ses côtés.

3. La Sainte-Famille. Composition de cinq figures.

4. La Vierge, l'Enfant Jésus et Sainte Anne, pendant du sujet précédent.

5. S. Paul en méditation. L'Apôtre est appuyé sur un livre, et auprès delui se trouve son épée.

BOULLONGNE, (Bon) *né à Paris en* 1649, *mort dans la même ville en* 1717; *fils ainé et élève de Louis Boullongne.*

6. Le combat d'Hercule contre les Centaures et les Lapithes.

BOURDON, (Sébastien) *né à Montpellier en* 1616, *mort à Paris en* 1671; *élève d'un peintre médiocre dont on n'a pas conservé le nom.*

7. Le Portrait de Bourdon. Il est assis et tient sur ses genoux la tête de *Caracalla* moulée sur l'antique.

8. La Sainte-Famille.

9. Le repos de la Sainte - Famille. Le fond représente un paysage orné d'édifices, et arrosé par un fleuve.

10. Jésus dit à ses Disciples : « Laissez venir à moi » les enfans, car le royaume du ciel est pour » ceux qui leur ressemblent; » et les ayant embrassés, il les bénit en leur imposant les mains.

11. Noé offre un sacrifice à Dieu à la sortie de l'arche.

12. Le Christ descendu de la croix est soutenu par Joseph d'Arimathie, accompagné de la

Vierge, de S.ᵗ Jean et de la Madeleine. Deux anges éplorés sont aux pieds du Sauveur.

13. Le crucifiement de Saint Pierre, prince des Apôtres. Deux anges lui apportent la couronne et la palme destinées aux martyrs.

14. Jules-César devant le tombeau d'Alexandre Il descend de son char, pose une couronne répand des pleurs sur la sépulture du héros macédonien.

15 Une halte de Bohémiens, dont l'un tire les cartes à quelques voyageurs qui l'entourent.

16. Portrait à mi-corps du père de Bourdon.

CHARDIN, (JEAN-BAPTISTE-SIMÉON) *né à Paris, en 1699, mort dans la même ville en 1780.*

17. L'intérieur d'une cuisine On voit une raie accrochée au mur au-dessus d'une table sur laquelle sont des huîtres, du poisson, etc.

18. La leçon.

19. Le bénédicité.

ÉCOLE

CLOUET, (François) *dit* Janet, *vivait en* 1547. *Son maître n'est pas connu.*

20. Le portrait en pied de Henri II, roi de France; il tient un gant de la main droite, sa main gauche est appuyée sur le côté.

21. Le portrait en pied de Charles IX, roi de France, peint à l'âge de 20 ans; il est debout, tient ses gants d'une main qu'il appuie sur le dossier d'un fauteuil de velours cramoisi, et porte l'autre sur la garde de son épée.

22. Portrait en pied de François, duc de Guise.

Ces trois petits tableaux sont placés parmi ceux de l'école flamande, comme faisant pendans aux deux portraits de Henri IV, par François Porbus le fils.

On n'a pas cru devoir séparer ces cinq morceaux, qui sont de même dimension et offrent une grande conformité dans la composition, la précision des détails et la finesse du pinceau.

23. Un Bal de Cour où se trouvent la famille

royale, Henri III, Catherine de Médicis, Henri IV et plusieurs autres personnes.

24. Cérémonies du mariage du duc Anne de Joyeuse avec Marguerite de Lorraine.

25. Portrait de Henri IV, enfant.

COCHEREAU, (MATHIEU) *né à Montigny, près Châteaudun, en 1793, mort à la hauteur de Bizerte, sur la côte d'Afrique, le 10 août 1817; élève de M. David.*

26. Intérieur de l'atelier d'un peintre, où l'on voit plusieurs élèves occupés de l'étude du modèle.

COLOMBEL, (NICOLAS) *né à Sotteville, près de Rouen, en 1646, mort à Paris, en 1717; élève de Le Sueur.*

27. S. Hyacinthe sauvant la statue de la Sainte Vierge des ennemis du nom Chrétien. Ce religieux, de l'ordre des frères prêcheurs, fuyait, en habits pontificaux, les Tartares qui fai-

saient le siège de Kiovie, et emportait avec lui, selon les légendaires, le Saint-Sacrement et une statue de la Sainte Vierge, devenue, par un effet miraculeux, fort légère entre ses mains. Ne trouvant ni pont ni bateau pour passer le Borysthène, il étendit sa chappe sur les eaux, et ayant exhorté ses frères à s'y placer sans crainte, ils traversèrent le fleuve, lui à pied sur les eaux, les religieux sur sa chappe.

28. Mars et Rhéa Sylvia.

COURTOIS, (JACQUES) *dit* LE BOURGUIGNON, *né à Saint-Hippolyte, en Franche-Comté, en 1621, mort à Rome en 1676; élève de Jérôme, peintre lorrain.*

29. Choc de cavalerie au passage d'un pont.

30. Tableau de bataille. Sur le premier plan est un général donnant ses ordres.

COUSIN, (JEAN) *né à Soucy, près de Sens, mort fort âgé, vivait en 1462.*

31. Le Jugement dernier.

Cet ouvrage, du premier peintre français qui se soit distingué dans le genre historique, ornait autrefois la sacristie des Minimes de Vincennes.

COYPEL, (Noel) *né à Paris en 1628, mort en 1697; élève de Poncet et d'Errard.*

32. Solon s'éloigne d'Athènes, pour ne rien changer aux lois qu'il venait de donner à ses habitans. M. R.

33. Ptolémée Philadelphe, roi d'Égypte, donne la liberté à cent vingt mille Juifs dont il paie la rançon, et envoie des présens magnifiques au temple de Jérusalem. M. R.

34. Trajan donne des audiences publiques, et rend lui-même la justice aux Romains et aux étrangers qui se présentent devant son tribunal. M. R.

35. Alexandre Sévère fait distribuer du blé au peuple Romain pendant la disette qui affligeait son empire. M. R.

COYPEL, (Antoine) *fils et élève de Noël Coypel, né à Paris en 1661, mort en 1722.*

36. Joas vient d'être placé sur le trône de Juda

et reconnu pour Roi par l'armée et par le peuple ; Athalie, qui était accourue au bruit du couronnement, est entraînée par les soldats, et chassée du temple.

DAVID (Jacques-Louis), *né à Paris, en* 1750, *mort en* 1825.

37. Le serment des Horaces.

38. Léonidas aux Thermopyles.

39. Les Sabines.

40. Les Licteurs rapportent à Brutus les corps de ses fils qu'il a condamnés à mort.

41. Bélisaire demandant l'aumône.

42. Les amours de Pâris et d'Hélène.

43. Portrait du pape Pie VII, peint à Paris, en 1805.

DESPORTES, (François) *né au village de Champigneulle en Champagne en* 1661, *mort à Paris en* 1743.

44. Portrait en pied de François Desportes le

père, peint par lui-même. Il s'est représenté en chasseur, se reposant au pied d'un arbre.

45. Un cerf poursuivi par les chiens.

46. Volaille, gibier et légumes serrés dans une office.

47. Quelques pièces de gibier et diverses sortes de fruits posées sur une table de pierre, fond de paysage.

DE TROY (François) le père, *né à Toulouse en 1645, mort à Paris en 1730 ; élève de Nicolas Loir.*

48. Portrait du sculpteur Bogaert, dit Desjardins. Il est vêtu d'un manteau bleu ; sa main gauche est posée sur la tête d'une des figures qu'il a exécutées au bas de la statue de Louis XIV, sur la place des Victoires, qu'on aperçoit dans le fond.

DROLLING, (Martin) *né à Oberbergheim, près Colmar, en 1752, mort à Paris en 1817, n'a pas eu de maître.*

49. Intérieur d'une cuisine.

DROUAIS, (Jean-Germain) *né à Paris en 1763, mort à Rome en 1788; élève de Brenet et de David.*

50. Une femme cananéenne se jeta aux pied, de Jésus, et s'écria : « Seigneur, ayez pitié de » moi, ma fille est misérablement tourmentée » par le démon. »

51. Marius à Minturnes. Contraint de céder le pouvoir à Sylla, Marius se cacha dans les marais de Minturnes en Campanie. Découvert dans sa retraite et jeté dans une prison, il imposa tellement par son regard et sa contenance à un soldat cimbre envoyé pour le faire périr que celui-ci s'enfuit en s'écriant : « Je ne pourrai jamais tuer Marius ! »

DUFRESNOY, (Charles-Alphonse) *né à Paris, en 1611, mort à Villiers-le-Bel, près Paris, en 1665; élève de Simon Vouët.*

52. Des groupes de Nayades appuyées sur leurs urnes, et des nymphes jouant avec des guirlandes de fleurs.

53. Sainte Marguerite, vierge et martyre, sous

le règne de l'Empereur Aurélien. Elle foule aux pieds le dragon qui, au rapport des légendaires, l'avait engloutie vivante, et dont elle sortit sans blessure en faisant le signe de la croix.

ÉCOLE FRANÇAISE.

Maître inconnu.

54. Portrait de Rabelais.

55. Des voyageurs arrêtés près d'une montagne.

FOSSE, (CHARLES DE LA) *né à Paris en* 1640, *y mourut en* 1716; *élève de Le Brun.*

56. Caïn maudit de Dieu après le meurtre d'Abel.

57. Moïse sauvé des eaux.

58. Le mariage de la Vierge.

59. L'enlèvement de Proserpine. M. R.

FREMINET, (MARTIN) *né à Paris en* 1567, *mort dans la même ville en* 1619, *reçut de son père les premiers élémens de la peinture.*

60. Mercure, envoyé par Jupiter, ordonne à

Énée d'abandonner Didon, et d'aller en Italie où son fils Ascagne doit fonder un royaume, et sa postérité gouverner l'empire romain.

GASTIELS. (N.)

61. Vue de la galerie du Louvre, prise des bords de la Seine, avant la construction du pont Neuf.

62. Marine et monumens.

GELÉE, (Claude) *dit* Le Lorrain, *né au château de Chamagne, en Lorraine en 1600, mort à Rome en 1682; élève de Goffredi, peintre napolitain.*

63. Le Sacre de David. Samuel, par ordre de Dieu, sacre Roi d'Israël David, fils d'Isaïe, en présence de son père et de ses frères. La scène se passe sous un portique d'ordre dorique, d'où la vue s'étend sur un riche paysage.

64. Le débarquement de Cléopâtre. Cette Reine, obligée d'aller rendre compte de sa conduite à Marc-Antoine, aborde à Tarse sur un bâtiment magnifique, et se présente au triumvir dans la parure la plus recherchée.

65. Marine. Des vaisseaux richement chargés entrent dans un port que bordent de chaque côté des édifices somptueux. A gauche, sur le devant, on aperçoit les apprêts d'un sacrifice.

66. Tableau du même genre de composition que le précédent. Sur le premier plan sont deux guerriers dans le costume antique.

67. La Fête villageoise. Au bord d'une rivière et à l'ombre de bouquets d'arbres agréablement groupés, des villageois dansent au son de leurs instrumens rustiques. Quelques habitans de la ville viennent prendre part à leurs amusemens.

68. Vue d'un port de mer au soleil couchant. Le quai est orné de palais, la mer couverte de vaisseaux et de gondoles. On voit sur le devant deux hommes du peuple qui se battent, et un militaire tirant son épée pour les séparer.

69. Une Marine, effet de soleil. On aperçoit au loin quelques vaisseaux dans un détroit bordé de rochers et défendu par une citadelle.

Ce tableau et le suivant sont de forme ovale.

70. Paysage que traverse une rivière dans laquelle un pâtre fait abreuver son troupeau.

71. Vue de Campo Vaccino à Rome. On remarque à gauche l'arc de triomphe de Septime Sévère, les restes du temple d'Antonin et Faustine, et ceux du temple de la Paix; dans le fond le Colisée et l'arc de Titus; à droite, sur le devant, le temple de la Concorde, les trois colonnes de Jupiter Stator et les ruines du palais des empereurs.

72. Marine couverte de vaisseaux. Le rivage est orné d'édifices d'une riche architecture. Plusieurs groupes circulent sur la plage, où sont étalés des coffres, de la faïence, etc.

73. Marine. Sur le devant un vaisseau et une barque; dans le fond un phare élevé sur un rocher; plus loin un port et une grande ville dominée par de hautes montagnes qui s'étendent à l'horizon.

74. Un paysage.

75. Un paysage. Des animaux traversent une rivière; on voit trois figures sur le devant.

76. Le siége de la Rochelle, prise par Louis XIII le 8 octobre 1628. On voit dans le lointain un camp et la mer couverte de vaisseaux.

77. Le Pas de Suze forcé par Louis XIII en

1629. L'armée est en marche. Sur un plan éloigné, on aperçoit les principaux édifices d'une ville que domine un roc fortifié.

Ces deux petits tableaux sont de forme ovale. Les figures ont été peintes par Callot.

78. Marine. Sur le devant des femmes qui paraissent s'embarquer; l'une d'elles porte un chapelet.

GÉRICAULT, *né le*   *mort à Paris, le*

79. Le naufrage de la Méduse.

GIRODET - TRIOSON, *né à Montargis, en 1770, mort à Paris, en 1824.*

80. Scène du Déluge.
81. La Révolte du Caire.
82. Le sommeil d'Endymion.
83. Atala au tombeau.

GREUZE, (JEAN-BAPTISTE) *né à Tournus en Bourgogne en 1734, mort à Paris en 1807.*

84. Son portrait en buste.
85. L'Accordée de village.
86. Le Départ.

87. Le Retour.

88. Portrait de Jeaurat.

HYRE, (LAURENT DE LA) *né en 1606, mort en 1656; élève de son père Etienne de La Hyre.*

89. Laban atteint Jacob dans sa fuite et fait la recherche de ses idoles. Rachel, qui les avait dérobées, se tient constamment assise sur la litière d'un chameau, sous laquelle elle avait eu l'adresse de les cacher.

90. L'apparition de Jésus aux trois Maries.

91. Les Légendaires rapportent qu'en 1449, le Pape Nicolas V, assisté de trois prélats et de quatre religieux, fit ouvrir le caveau qui contenait le corps de Saint François d'Assise; qu'il le trouva debout, entièrement conservé, les yeux ouverts et élevés vers le ciel, les mains couvertes par les manches de son habit, avec les stygmates aux pieds, aux mains et au côté, qui semblaient encore fraîchement imprimés. On croit trouver dans la figure de l'officiant, placé au-dessus du Pape Nicolas, le portrait de La Hyre.

92. La Vierge et l'Enfant Jésus.

93. Paysage arrosé par une rivière où des femmes se baignent.

94. Autre paysage orné de quelques figures. Sur le premier plan on voit une femme qui allaite un enfant.

JOUVENET, (JEAN) *né à Rouen en 1644, mort à Paris en 1717; élève de Jean Jouvenet son père.*

95. Jésus chez Marthe et Marie.

96. Jésus guérissant les malades. La scène se passe sur le bord de la mer; on y voit voguer un vaisseau.

97. La Pêche miraculeuse. M. R.

98. La Résurrection de Lazare. M. R.

99. La Descente de croix, et les apprêts de la sépulture. M. R.

100. L'Ascension de Jésus-Christ.

101. La Vierge et l'Enfant Jésus président aux derniers momens d'un vieillard auquel un prêtre administre l'extrême-onction.

102. L'abbé Delaporte, chanoine jubilé, quitte

le maître-autel de Notre-Dame de Paris après avoir dit la messe.

103. Les vendeurs chassés du temple.

104. Le repas chez Simon le pharisien.

LARGILLIERE. (Nicolas)

105. Portrait de l'auteur.

LE BRUN, (Charles) *né à Paris en 1619, mort dans la même ville en 1690; élève de Simon Vouet.*

106 Charles Le Brun, adolescent, tenant le portrait d'un militaire dans un cadre octogone.

107. Portrait en pied de Le Brun. Il est assis devant une table où sont épars divers objets d'art.

108. Portrait d'Alphonse Dufresnoy, peintre et auteur d'un poëme latin sur la peinture.

109. La Nativité. L'Enfant Jésus reçoit l'hommage des anges et des bergers.

110. La Nativité. Même composition, mais beaucoup plus étendue que celle du tableau pré-

FRANÇAISE. 23

cédent, qui ne rappelle que les principaux groupes de celui-ci.

111. La Sainte-Famille. La Vierge fait signe au petit S. Jean de ne pas troubler le sommeil de l'Enfant Jésus.

112. La Vierge, apprêtant le repas de l'Enfant Jésus. Tableau connu sous le nom du *Benedicite*.

113. Le Christ servi dans le désert par les Anges. M. R.

114. Sainte Madeleine renonce avec un repentir vif et touchant à toutes les vanités de la vie.

Ce tableau, qui jouit en quelque sorte d'une célébrité historique, se trouvait au couvent des Carmélites de Paris. On voulait y reconnaître les traits de madame de la Vallière.

115. L'Entrée de Jésus-Christ dans Jérusalem. Notre Seigneur, monté sur une ânesse, est entouré d'un peuple nombreux. Les uns étendent leurs manteaux sur son passage, d'autres y répandent des branches de palmier et des fleurs.

116. Jésus-Christ allant au supplice et tombant sous le poids de sa croix, est rencontré par

sa mère et par S. Jean. Le fond représente une des portes de Jérusalem. On aperçoit dans le lointain la montagne du Calvaire.

117. Jésus est élevé en croix. La Vierge, S. Jean et la Madeleine contemplent dans le plus profond abattement cette scène de douleur.

118. Le Crucifix aux Anges. La composition de ce tableau offre la réminiscence d'un songe qu'avait eu la reine Anne d'Autriche.

119. Le Christ mort, sur les genoux de la Vierge qui soulève un coin du linceul.

120. La Pentecôte. La Vierge et les Apôtres étant assemblés, le Saint-Esprit descend au milieu d'eux. Le Brun s'est peint lui-même dans ce tableau sous la figure de l'un des disciples. C'est celui qui est vu debout, dans le coin à gauche du spectateur. M. R.

121. Lapidation de S. Étienne. Le Saint renversé, prêt à rendre le dernier soupir, lève les bras vers le ciel, et prie pour ses bourreaux. M. R.

122. Le Passage du Granique. Alexandre passe le fleuve à la vue des Perses, et tue, au fort de la mêlée, Spithrobate, satrape de l'Ionie et gendre de Darius. Rosaces, frère du satrape, pour le venger, décharge sur la tête d'Alexandre un coup de hache et veut redoubler

mais Clytus lui abat la main d'un coup d'épée. Bientôt, malgré la supériorité du nombre, les Perses cèdent à la valeur des Macédoniens, et leur abandonnent le champ de bataille jonché de morts. M. R.

123. *La bataille d'Arbelles.* Le succès était balancé de part et d'autre, lorsque le devin Aristandre s'écrie, en agitant une branche de laurier, qu'il aperçoit un aigle au-dessus de la tête d'Alexandre. Cet heureux présage redouble l'ardeur des Macédoniens. Alexandre est à cheval et perce de son javelot l'écuyer de Darius. Les Perses et les Macédoniens croient que le coup a frappé le monarque lui-même, assis sur un char élevé. Bientôt son armée est taillée en pièces, et Darius obligé de prendre la fuite. M. R.

124. *La Tente de Darius.* Alexandre, vainqueur et maître du camp des Perses après la bataille d'Issus, visite, accompagné seulement d'Ephestion, les princesses demeurées prisonnières. La reine, épouse de Darius, lui présente son fils. Statira et sa jeune sœur se jettent à ses pieds. Sysigambis, mère du monarque vaincu, confuse d'avoir pris Ephestion pour Alexandre, reçoit du héros cette réponse: *Non, ma mère, vous ne vous êtes pas trompée; celui-ci est un autre Alexandre.*

125. La défaite de Porus. Ce roi indien, vaincu par Alexandre et couvert de blessures honorables, est amené devant lui. Le vainqueur lui demande comment il veut être traité : *En roi*, répond-il : *Mais*, reprend Alexandre, *ne demandez-vous rien de plus* ? *Non*, réplique Porus, *tout est compris dans ce seul mot*. Touché de cette grandeur d'âme, Alexandre lui rend ses états et y ajoute plusieurs provinces. M. R.

126. L'entrée d'Alexandre dans Babylone. Il est monté sur un char enrichi d'or et d'ivoire, et attelé d'éléphans blancs. Des chœurs de musique le précèdent, les principaux officiers de son armée le suivent. Les parfums les plus précieux brûlent autour de lui, et les dépouilles des vaincus ornent sa marche triomphale. M. R.

127. Caton, apprenant que César approchait d'Utique, se donne la mort, après avoir pourvu à la sûreté de ceux qui avaient suivi son parti.

128. La constance de Mutius Scévola.

LEBRUN, (Madame) *née à Paris.*

129. Portrait de Joseph Vernet (1).

---

(1) Aucun ouvrage d'artiste vivant ne pouvait, selon l'usage, être admis dans le Musée; mais l'exposition du portrait de J. Vernet au milieu des productions de son

LEFÈVRE, (Claude) *né à Fontainebleau en 1633, mort à Londres en 1677; élève de Le Brun et de Le Sueur.*

130. Portrait d'un maître et de son élève.

LEMOYNE, (François le) *né à Paris en 1688, mort en 1737, élève de Galloche.*

131. Hercule vainqueur de Cacus.

LENAIN, (Louis et Antoine) *ils étaient frères, et moururent tous deux à Laon, lieu de leur naissance, en 1648.*

132. Procession dans l'intérieur d'une église.

133. Un Maréchal dans sa forge.

LEPRINCE, (Jean-Baptiste) *né à Metz en 1733, mort à Paris en 1781.*

134. L'enrôlement.

LESUEUR, (Eustache) *né à Paris en 1617, mort dans la même ville en 1655.*

135. La Salutation angélique.

---

pinceau, doit être considérée, dans cette circonstance, comme un hommage public rendu à la mémoire de ce grand peintre. C'est par le même motif qu'on a placé dans la galerie les bustes de plusieurs artistes célèbres, dont l'exécution est due à des statuaires vivans.

136. Les prêtres ayant déclaré à Astasius qu'il ne vaincrait point les ennemis qu'il allait combattre, s'il n'obligeait Gervais et Protais à sacrifier aux idoles, le magistrat romain les fait amener tous deux devant la statue de Jupiter; peint pour l'église de Saint-Gervais. M. R.

137. Lorsque Saint Paul prêcha l'Évangile aux Juifs et aux Gentils d'Éphèse, beaucoup de ceux qui avaient exercé la magie apportèrent leurs livres et les brûlèrent devant tout le monde; quand on en eut évalué le prix, on trouva qu'il montait à cinquante mille pièces d'argent.

Le tableau de Saint Paul prêchant à Éphèse est cité comme étant le chef-d'œuvre de Lesueur et celui de l'Ecole française. Il avait été peint pour l'église de Notre-Dame.

138. Le Christ flagellé. Quelques personnes attribuent ce tableau à Simon Vouët, maître de Lesueur.

139. J.-C. apparaît à la Madeleine.

140. Simon le Cyrénéen vient au secours de Jésus qui succombe sous le poids de la croix; Sainte Véronique lui offre un linge qui reçoit l'impression de la face divine.

141. Joseph d'Arimathie, Nicodème et Saint Jean, accompagnés de la Vierge et des saintes femmes, ensevelissent le corps de Jésus descendu de la croix.

142. Trois religieux, un prêtre, une sainte fille, aperçurent un globe de feu sur la tête de Saint Martin, un jour que ce saint célébrait la messe, après avoir donné sa tunique à un pauvre, et s'être contenté, pour vêtement, d'une mauvaise robe noire. Le Seigneur, disent les légendaires, opéra ce miracle pour faire connaître combien la charité de Martin lui était agréable.

143. Sainte Scholastique, accompagnée de trois Anges, des apôtres Saint Pierre et Saint Paul, et de deux Vierges couronnées de fleurs, apparaît après sa mort à Saint Benoît.

144. Raimond, docteur, chanoine de Notre-Dame de Paris, prêche devant une nombreuse assemblée, en présence de Saint Bruno, qui est sur la gauche, tenant un livre sous le bras.

Lesueur a représenté en vingt-deux tableaux, dont celui-ci est le premier, les principaux traits de la vie de Saint Bruno. Ils ornaient le cloître des Chartreux à Paris, et avaient été peints sur bois : ils en ont été enlevés et remis sur toile.

145. Le même chanoine meurt après avoir ébloui le peuple par un grand extérieur de piété, joint à un talent distingué pour la prédication. On le voit ici au lit de la mort; un prêtre, accompagné de deux jeunes clercs, lui présente le crucifix. Le démon, placé au-dessus de la tête du docteur, désigne qu'il est mort dans le péché. On aperçoit dans le fond les préparatifs de son convoi.

146. Résurrection de ce chanoine pendant son office. Il sort à demi de son cercueil, et déclare par trois fois qu'il est condamné par le juste jugement de Dieu. Le cortége, et particulièrement Saint Bruno, placé derrière le prêtre officiant, paraissent effrayés de cette apparition.

147. Saint Bruno, prosterné devant le crucifix se recueille sur le prodige dont il vient d'être témoin. Dans le lointain, on voit jeter en terre le corps du docteur Raymond.

148. Saint Bruno enseigne la théologie dans les écoles de Reims.

149. Il engage ses disciples et ses amis à quitter le monde et à le suivre dans une solitude; un d'entre eux fait ses adieux à son père.

150. Trois anges lui apparaissent durant son sommeil, et l'instruisent de ce qu'il doit faire.

151. Saint Bruno et ses compagnons, avant de partir pour Grenoble, distribuent tous leurs biens aux pauvres.

152. Il arrive à Grenoble, chez Saint Hugues, évêque de cette ville; il lui fait part du songe qu'il a eu, et dans lequel le Seigneur, le faisant guider par sept étoiles extrêmement brillantes vers un lieu désert de son diocèse, appelé la Chartreuse, lui ordonnait d'y élever un temple.

153. Voyage à la Chartreuse. Saint Bruno et ses compagnons à cheval, conduits par Saint Hugues, traversent les montagnes pour se rendre dans une vallée que le saint évêque lui avait accordée près du village appelé Chartreuse. Ce village a donné son nom à l'institution du monastère de cet ordre.

154. Saint Bruno examine le plan qu'on lui presente de l'église de Notre-Dame de Casalibus ou des Solitaires, et de sept petites cellules qu'il fait construire sur la croupe d'une montagne. Premier établissement des Chartreux, en 1084.

155. Prise d'habit. Saint Hugues donne à Saint

Bruno et à ses compagnons l'habit blanc de leur nouvel ordre.

156. Le pape Victor III, assis sur le siége apostolique, confirme en plein consistoire l'institution de l'ordre des Chartreux, dont un cardinal fait lecture.

157. Saint Bruno, décoré de sa chasuble, à l'office de la messe, revêt l'habit à plusieurs personnes qui embrassent son ordre. Parmi les assistans, on voit le père d'un des nouveaux initiés qui semble regretter la perte d'un fils renonçant au monde pour embrasser l'état monastique.

158. Saint Bruno reçoit un bref du pape Urbain II, son disciple, qui l'invite à venir le trouver à Rome pour l'aider de ses conseils. Le messager du pape attend la réponse. Plusieurs religieux témoignent leur inquiétude sur les motifs de ce message.

159. Arrivée de Saint Bruno à Rome. Il se prosterne devant Urbain II, et lui baise les pieds; le pape lui tend les bras avec affection.

160. Saint Bruno, à genoux devant le pape, refuse la mitre d'archevêque qu'il lui offre.

161. Saint Bruno, retiré dans les déserts de la Calabre pour fonder une nouvelle Chartreuse, prie Dieu, dans sa cellule, d'être favorable à

cet établissement. Ses religieux commencent à défricher la terre.

162. Roger, comte de Sicile et de Calabre, étant à la chasse, est conduit par hasard vers la solitude de Saint Bruno, qu'il trouve en prières; pénétré de respect, il descend de cheval et s'agenouille devant lui.

163. Saint Bruno apparaît en songe au comte Roger, couché dans sa tente, et lui donne avis que Sergius, prince grec, un de ses commandans, le trahit, et est sur le point de livrer son armée au prince de Capoue, avec qui Roger était en guerre. Le comte s'éveille et prend ses armes. Dans le lointain, on aperçoit l'armée du prince de Capoue qui sort de la ville.

164. Mort de Saint Bruno. Le saint, après avoir fait une confession de sa vie aux Chartreux assemblés, meurt au milieu d'eux en joignant les mains. Il est dans sa cellule, couché sur un lit tel que le prescrivait l'institution de l'ordre.

165. S. Bruno est enlevé au ciel.

166. St. Bruno et ses compagnons distribuent tous leurs biens aux pauvres; esquisse, avec plusieurs changemens, du tableau n°. 151, huitième du cloître des Chartreux.

167. Saint Bruno examinant le plan de la Chartreuse de Rome.

168. Clio, Euterpe et Thalie. Tiré du cabinet des Muses, ainsi que les quatre sujets suivans, dont les personnages se font reconnaître aux divers attributs qui les caractérisent.

169. Melpomène, Erato et Polymnie.

170. Uranie.

171. Therpsichore.

172. Calliope.

173. Vénus présente l'Amour à Jupiter. Ce tableau et les cinq suivans décoraient le salon de l'Amour à l'hôtel Lambert.

174. L'Amour reçoit l'hommage des Dieux.

175. L'Amour ordonne à Mercure d'annoncer son pouvoir à l'univers.

176. L'Amour réprimandé par sa mère se réfugie dans les bras de Cérès.

177. L'Amour dérobe le foudre de Jupiter.

178. L'enlèvement de Ganimède.

179. Phaëton demande à Apollon la conduite de son char. Ce tableau, composé pour un plafond, décorait le salon des Muses de l'hôtel Lambert. Il était peint sur plâtre, et fut enlevé et remis sur toile, il y a environ trente-six ans, par M. Hacquin père.

180. La naissance de l'Amour.
181. Le père de Tobie donnant des instructions à son Fils.

LICHERIE, (Louis) *né à Houdan en Normandie, mort en 1687; élève de Lebrun.*
182. La rencontre de David et d'Abigaïl.

MICHALLON, (Achille-Etna) *né en 1797, mort à Paris, en 1822.*
183. Un paysage. Les figures représentent Thésée poursuivant les Centaures.
184. Paysage. La mort de Roland, à la bataille de Roncevaux.
185. Paysage. Vue de Frascati.

MIGNARD, (Pierre) *surnommé* LE ROMAIN, *né à Troyes en Champagne en 1610, mort à Paris en 1695; élève de Vouët.*
186. Le portrait en pied de Mignard, peint par lui-même. Il est assis devant une table couverte d'un tapis, sur laquelle on aperçoit des dessins et quelques morceaux de sculpture. Dans le fond, sur un chevalet, est l'esquisse de la coupole du Val-de-Grâce peinte par Mignard. A gauche, sur le devant, le buste

de la Marquise de Feuquières sa fille, une palette et des pinceaux.

187. Portrait de Louis, Dauphin, *dit* Monseigneur, fils de Louis XIV; Marie-Anne-Christine-Victoire de Bavière, son épouse, avec leurs enfans; Louis, duc de Bourgogne, qui fut père de Louis XV; Philippe, duc d'Anjou, et Charles, Duc de Berry.

188. Portrait de Madame de Maintenon.

189. Portrait de la Marquise de Feuquières, fille de Mignard; elle tient le portrait de son père.

190. La Vierge présente une grappe de raisin à l'Enfant Jésus. Tableau connu sous le nom *de la Vierge à la Grappe.*

191. Jésus sur le chemin du Calvaire succombant de fatigue. Simon le Cyrénéen soulage N. S. du poids de sa croix. On voit sur le devant du tableau la Vierge, S. Jean et la Madeleine plongés dans la douleur : plus loin, les deux larrons conduits au supplice, dont on aperçoit les apprêts sur le haut de la montagne.

192. S. Luc peignant la Vierge. M. R.

193. Sainte Cécile chante les louanges du Seigneur; elle est accompagnée d'un ange qui tient un livre de musique.

OUDRY, (Jean-Baptiste) *né en* 1686, *mort en* 1755; *élève de Largillière.*

194. La Chasse au Loup. On voit l'animal forcé par les chiens se défendre en cherchant à fuir.

195. La Chasse au Sanglier. Ce dernier tableau est placé parmi ceux de l'école flamande, où il sert de pendant à un tableau de Sneyders.

196. Un Chien gardant des pièces de gibier parmi lesquelles est un héron.

PARROCEL (Joseph) le père, *né à Brignoles en Provence en* 1648, *mort à Paris en* 1704, *élève du Bourguignon.*

197. Tableau de bataille. On aperçoit sur le second plan un corps de cavalerie mis en déroute; sur le devant, le général en chef donnant ses ordres à un officier.

198. Le passage du Rhin. On voit sur le devant du tableau Louis XIV à cheval, au milieu de ses généraux qui viennent recevoir ses ordres.

PATEL (Pierre) le père, *né en* 1654.

199. Un Paysage orné de figures et d'animaux,

et traversé par un fleuve dont le cours est interrompu par une chute d'eau. Sur le devant s'élèvent les ruines d'un superbe édifice d'ordre corynthien : tableau de forme ovale.

PESNE, (Antoine) *né à Paris en 1683, mort à Berlin, premier peintre du Roi de Prusse, en 1743; petit neveu et élève de Delafosse, et neveu de Jean Pesne, célèbre graveur.*

200. Portrait du chevalier Vleughels, peintre, directeur de l'Académie de Rome.

PEYRON, (Jean-François-Pierre) *né à Aix, en 1744, mort à Paris en 1813; élève de Jean-François Lagrénée.*

201. Paul-Emile vainqueur de Persée. Ce dernier roi des Macédoniens lui est amené avec sa famille. Paul-Emile, disposé à adoucir le sort de ce roi captif et à honorer son malheur, s'indigne de l'excès d'abaissement où il se livre.

POUSSIN, (NICOLAS) *né aux Andelys en Normandie en 1594, mort en 1665 à Rome, où il a passé la plus grande partie de sa vie et exécuté presque tous ses ouvrages ; élève de Quintin Varin.*

202. Le Portrait du Poussin. Il est à mi-corps, vu de face et assis, la main droite posée sur un livre.

203. Le Déluge. Un espace assez circonscrit, un petit nombre de personnages ont suffi au Poussin pour donner une idée de la plus grande catastrophe du monde. Le disque du soleil est obscurci, la foudre s'échappe du sein des nuages. Les eaux ont couvert des habitations dont on n'aperçoit plus que le faîte, et l'arche qui porte Noé et sa famille flotte dans le lointain au niveau des montagnes. Dans l'endroit où l'inondation forme entre les rochers une espèce de cascade, une barque se brise et va disparaître avec les malheureux qui s'y sont réfugiés. D'autres sont près d'être submergés avec leurs chevaux; des reptiles se glissent entre les rochers pour en atteindre le sommet : tout présente l'image d'une destruction universelle. Au milieu de tant d'objets sinistres, le Poussin a placé un des plus sublimes épisodes. Une femme dans une barque, oubliant

son propre péril, élève les bras vers son époux et lui présente son enfant au berceau qu'elle espère encore sauver. Le père se penche pour le saisir, mais la distance qui les sépare ne lui permet pas de l'atteindre. Ses efforts seront inutiles. Un coloris sombre et mélancolique ajoute aux émotions profondes de terreur et de pitié que cette composition inspire. Plusieurs peintres ont traité le sujet du Déluge Aucun de leurs ouvrages n'a pu soutenir la comparaison avec celui du Poussin. C'est un des chefs-d'œuvre de ce grand maître et l'une des plus admirables productions de la peinture. M. R.

204. Eliéser, économe d'Abraham, chargé d'aller en Mésopotamie chercher une femme pour Isaac, reconnaît celle que l'Eternel lui destinait, à la grâce que Rebecca, fille de Bathuel, mit à lui offrir l'eau qu'il lui avait demandée. Il lui présente un anneau et des bracelets.

205. Moïse sauvé des eaux. Thermutis, fille de Pharaon, se promenant sur les bords du Nil, aperçoit un enfant dans un berceau que l'on avait exposé à la merci des eaux; elle ordonne qu'on l'en retire et le fait porter dans son palais. M. R.

206. Même sujet que le précédent, mais d'une

composition toute différente. On ne compte dans le premier que sept figures, au nombre desquelles est un homme qui vient de descendre dans le fleuve pour retirer l'enfant. Le second tableau offre dix personnages, la figure allégorique du Nil y est complètement développée, et la ville que l'on aperçoit dans le fond se présente sous un aspect plus somptueux et plus imposant. M. R.

207. Moïse enfant jette par terre et foule aux pieds la couronne de Pharaon, que ce prince lui avait mise sur la tête en signe d'adoption.

208. Moïse change en serpent la verge d'Aaron.

209 Les Israélites recueillent la manne dans le désert.

210. Deux Israélites rapportent une grappe de raisin de la terre promise.

211. Les Philistins frappés de la peste. Ayant osé déposer près de leur idole l'Arche du Seigneur qu'ils avaient enlevée aux Israélites, les Philistins sont frappés d'une cruelle maladie qui en moissonne un grand nombre. M. R.

212. Le Jugement de Salomon. Ce Roi, modèle de sagesse, en ordonnant de partager l'enfant que deux femmes réclamaient à-la-fois, par-

vient à connaître la véritable mère, qui consent à abandonner son fils, pourvu qu'il vive.

213. L'Adoration des Mages.

214. L'Enfant Jésus, sur les genoux de la Vierge, caresse le petit S. Jean, que Sainte Elisabeth tient dans ses bras. S. Joseph est debout, et joint les mains. Le fond représente un paysage.

215. Le repos de la Sainte-Famille: groupe de cinq figures, fond de paysage.

216. Jean, fils de Zacharie et d'Elisabeth, baptise dans les eaux du Jourdain les habitans de Jérusalem et de la Judée. M. R.

217. Les Aveugles de Jéricho. Deux aveugles entendant Jésus qui sortait de Jéricho, accompagné de Pierre, de Jacques et de Jean, lui demandent leur guérison, et l'obtiennent. M. R.

218. La femme adultère. Jésus, connaissant la malice des docteurs de la loi et des pharisiens qui l'interrogeaient sur le sort d'une femme adultère que la loi condamnait à être lapidée, se contente de tracer ces mots: *Que celui d'entre vous qui est sans péché lui jette la première pierre!* M. R.

219. La Cène. Debout, au milieu du Cénacle et

entouré de ses disciples, Jésus institue le Sacrement d'Eucharistie.

220. La mort de Saphire. Cette femme ayant détourné, de concert avec Ananie, son mari, une partie du prix d'un fonds de terre dont la valeur devait être apportée aux Apôtres, tombe morte aux pieds de S. Pierre. M. R.

221. S. Jacques-le-Majeur, sortant un soir avec ses disciples pour prier sur les bords de l'Ebre, reçut de la Vierge, qui vivait encore sur la terre, et qui lui apparut sur une colonne de jaspe, l'ordre d'édifier en ce lieu une église. Les légendaires qui rapportent ce fait ajoutent que le saint fit construire une chapelle où l'on conserva la colonne de jaspe.

222. L'Assomption de la Vierge. M. R.

223. Le ravissement de S. Paul. Dans sa seconde épître aux Corinthiens, S. Paul dit qu'il fut ravi dans le Paradis, et qu'il y entendit des paroles qu'il n'est pas permis à un homme de rapporter. M. R.

224. S. François-Xavier rappelle à la vie, devant un grand nombre de spectateurs, la fille d'un habitant du Japon, morte subitement.

225. L'éducation de Bacchus. Un satyre présente une coupe à Bacchus encore enfant, soutenu

par un faune. On voit sur le devant du tableau une femme couchée et un enfant endormi sur son sein.

226. Bacchanale. Un faune tient d'une main une grappe de raisin, et de l'autre emplit une coupe que lui présente un enfant. Parmi les différens personnages qui font des libations en l'honneur du dieu de la vendange, on voit une femme assise qui joue de la guitare.

227. Echo et Narcisse. Insensible aux attraits de la nymphe Echo, Narcisse est puni de ses mépris par la déesse Némésis. Une fontaine limpide lui présentant sa propre figure, il devient amoureux de sa ressemblance, et se laisse consumer d'amour et de désir sur le bord de cette fontaine. M. R.

228. Le triomphe de Flore.

229. La mort d'Euridice. Occupée à cueillir des fleurs sur les rives du Pénée, Euridice, le jour même de ses noces, est piquée par un serpent; près de là Orphée, mêlant sa voix aux accords de sa lyre, au milieu des compagnes de sa jeune épouse, ignore encore le fatal accident qui va la lui ravir. M. R.

230. Les bergers d'Arcadie. L'artiste a voulu représenter le souvenir de la mort au milieu des

prospérités de la vie. Un berger, le genou en terre, montre du doigt ces mots gravés sur un tombeau : *Et in Arcadiâ ego.* Derrière lui un jeune homme, la tête ornée d'une guirlande de fleurs, s'appuie sur le tombeau et le considère d'un air mélancolique. Près d'eux, une jeune fille agréablement parée, posant une main sur l'épaule d'un autre berger, le regarde et semble lui faire lire cette inscription.

231. Le Temps enlève la Vérité, il la soustrait aux atteintes de l'Envie et de la Calomnie, et la porte triomphante au séjour de l'éternité. M. R.

232. L'Enlèvement des Sabines. Les Sabines ayant refusé de s'unir aux Romains par des mariages, Romulus dissimule son ressentiment, et attire les Sabins à Rome sous prétexte de les faire participer à une fête en l'honneur du dieu Consus; là, au signal convenu, les jeunes Sabines sont enlevées et deviennent les épouses de leurs ravisseurs.

233. Le Maître d'école renvoyé aux Falisques. La ville de Falère étant assiégée par Furius Camillus, un maître d'école vint livrer à ce général les enfans des plus illustres maisons de cette ville. Camille, indigné de sa perfidie, lui fit attacher les mains derrière le dos, et ordonna

à ses jeunes disciples de s'armer de verges et de le ramener dans la ville en le frappant.

234. Diogène jetant son écuelle. Ce philosophe se promenant aux environs d'Athènes, vit près d'une source un jeune homme qui, pour se désaltérer, buvait dans le creux de sa main : *Tu m'apprends*, dit-il, *que je conserve encore du superflu*, et il jette son écuelle loin de lui. M. R.

235. Le jeune Pyrrhus. Angelus et Androclidès, les plus zélés serviteurs d'Eacides, roi des Molosses, voyant leur maître chassé de ses Etats, enlèvent son fils Pyrrhus encore à la mamelle, avec les femmes qui le nourrissaient, repoussent en fuyant leurs ennemis, et parviennent vers la fin du jour sur les bords d'une rivière enflée par les pluies. Désespérant de la passer à gué ou de se faire entendre des gens du pays placés sur l'autre rive, l'un d'eux s'avise de faire connaître leur situation en traçant quelques lignes sur deux morceaux d'écorce de chêne qu'il lance à l'autre bord, après avoir attaché l'un au fer d'une lance, et roulé l'autre autour d'une pierre. Les Mégariens, touchés des malheurs de Pyrrhus, coupent des arbres, les lient ensemble, traversent la rivière, et parviennent à le sauver. M. R.

236. Le Printems représenté par Adam et Eve dans le Paradis terrestre.

237. L'Été. Ruth étant arrivée à Bethléem avec sa belle-mère Noemi, au tems de la moisson, ramasse des épis de bled dans le champ de Booz.

238. Cinq enfans jouant.

239. Jésus guérissant les Aveugles.

240. Rhéa et Sylvia.

PRUD'HON, (PIERRE-PAUL) *né à Cluny, (Saône-et-Loire) mort à Paris, le 16 février 1823.*

241. Allégorie. La Justice et la Vengeance divine poursuivant le crime.

242 Le Christ en croix.

PUGET, (N.) *fils du célèbre sculpteur de ce nom.*

243 Tableau représentant les portraits de plusieurs musiciens et artistes du siècle de Louis XIV. Ils sont réunis autour d'une table. L'un joue de la guitare, un autre accorde une basse, un troisième tient un violon.

RESTOUT le fils, *élève de Jean Restout, son père, vivait en 1780.*

244. S. Bruno en prière dans le désert.

RIGAUD, (Hyacinthe) *né à Perpignan en* 1659, *mort à Paris en* 1743.

245. Rigaud à son chevalet, sur lequel est le portrait d'un militaire.

246. Le Portrait de Pierre Mignard tenant un crayon et un portefeuille.

247. Portrait en pied de Bossuet.

248. Martin Bogaert, sculpteur, connu en France sous le nom de Desjardins. Sa main gauche est appuyée sur une tête de bronze qui paraît appartenir à l'une des statues dont il avait orné la place des Victoires.

249. Lebrun et Mignard. Le premier tient sa palette et ses pinceaux; le second, son portefeuille.

250. Portrait de famille composé de trois figures, le père, la mère et un enfant.

251. Portrait de Mansard, architecte. On voit dans le lointain le portail de l'église des Invalides, bâtie sur ses dessins.

252. S. André appuyé sur sa croix et les yeux élevés vers le ciel.

253. Portrait en pied de Louis XIV, revêtu des habits royaux.

ROBERT, (Hubert) *né à Paris, en 1733, mort dans la même ville en 1808, n'a point eu de maître.*

254. Une porte de ville pratiquée au milieu des ruines d'un temple. Plus loin une rue à l'entrée de laquelle est un marché au poisson.

255. Portique sous lequel s'élève une statue équestre en bronze, montée sur son piédestal. Sur le devant quelques fragmens de sculpture et d'architecture et l'entrée d'un souterrain dans lequel on voit descendre une jeune femme.

SANTERRE, (Jean-Baptiste) *né à Magny, près Pontoise, en 1651, mort à Paris en 1717; élève de Bon Boullongne.*

256. Suzanne au bain, observée par les vieillards.

STELLA, (Jacques) *né à Lyon en 1596, mort à Paris en 1657; élève de son père, qu'il perdit fort jeune. Il alla se perfectionner en Italie.*

257. J.-C. apparaît à la Madeleine.

258. Minerve au milieu des Muses; elle a le

casque en tête, et est armée de la lance et du bouclier.

SUBLEYRAS, (Pierre) *né à Uzez en 1699, mort à Rome en 1749, élève de son père.*

259. La Madeleine aux pieds de Jésus-Christ chez Simon le Pharisien.

260. Esquisse terminée du tableau précédent

261. Le serpent d'airain.

262. Le Martyre de S. Pierre.

263. Le Martyre de S. Hippolyte.

264. St. Basile-le-Grand.

265. L'empereur Théodose recevant la bénédiction de Saint Ambroise.

266. Saint Bruno guérissant un enfant.

TASSEL. (Richard)

267. Le Reniement de S. Pierre.

THÉAULON, (Étienne) *né à Aigues-Mortes en 1739, mort à Paris en 1780.*

268. Portrait d'une vieille femme.

VALENCIENNES, (Pierre-Henri) *né à Toulouse, mort à Paris en 1819; élève de G. F. Doyen.*

269. Cicéron étant questeur en Sicile, découvre le tombeau d'Archimède, que les Syracusains assuraient ne pas posséder sur leur territoire.

VALENTIN, (Moïse) *né à Coulomiers dans la Brie en 1600, mort à Rome en 1632; élève de Vouët.*

270. L'Innocence de Suzanne reconnue.

271. Le Jugement de Salomon.

272. Les Pharisiens ayant demandé à Jésus si l'on devait payer le tribut à César, il se fait apporter une pièce de monnaie et dit : *Rendez à César ce qui est à César, et à Dieu ce qui est à Dieu.*

273. S. Mathieu,
274. S. Marc,
275. S. Luc,
276. S. Jean.
} Évangélistes. M. R.

277. Un Concert. Parmi les huit personnes qui le composent, une jeune fille accompagne sur le clavecin deux jeunes gens qui chantent. Des

deux musiciens placés sur le devant, l'un joue de la guitare, l'autre d'un instrument à vent Ces deux personnages ont le costume militaire.

278. Autre concert. Cinq personnes, à la suite d'un repas, chantent et s'accompagnent de divers instrumens. Sur le devant du tableau un soldat vide un vase rempli de vin.

279. Deux Soldats accompagnés de deux femmes. L'un verse du vin dans un verre, l'autre joue de la flûte.

280. Une femme tient la main d'un soldat et lui dit sa bonne aventure. Sur le devant, à droite, un vieillard joue de la harpe; près de lui une jeune fille chante en s'accompagnant sur la guitare.

VANLOO, (CHARLES-ANDRÉ) *plus connu sous le nom de* CARLE VAN LOO, *né à Nice en Provence en* 1705, *mort en* 1765 ; *élève de Benedetto Luti.*

281. Le Saint-Esprit préside à l'union de la Vierge et de Saint Joseph.

282. Énée portant son père Anchise au milieu de l'incendie de Troie. M. R.

VAN SPAENDONCK, (Gérard) *né à Tilbourg en Hollande, le 23 mars 1746, mort à Paris le 11 mai 1822; élève de Herreins.*

283. Un tableau de fleurs et de fruits.

VERNET, (Claude-Joseph) *né à Avignon en 1714, mort à Paris en 1789; élève de son père, reçut à Rome, où il passa vingt années, des leçons de Lucatelli.*

284. Vue de la rade d'Antibes, prise du côté de la terre, tableau peint en 1756.

285. Vue du port neuf de Toulon, prise de l'angle du parc d'artillerie; 1756.

286. Vue de la rade de Toulon. Elle offre l'aspect des belles campagnes des environs; 1756.

287. Vue du vieux port de Toulon, prise du côté du magasin aux vivres; 1756.

288. Vue du golfe de Bandol. On voit sur le devant la mandrague ou pêche du thon; 1755.

289. Vue de l'entrée du port de Marseille, prise de la montagne appelée Tête de More. Vernet s'y est représenté dessinant, et entouré de sa famille, qui lui fait remarquer Annibal, vieillard âgé de 110 ans; 1754.

290. Vue de l'intérieur du port de Marseille prise du pavillon de l'horloge du parc; 1754.

291. Vue du port de Cette, en Languedoc, prise du côté de la mer, derrière la jetée isolée; 1761.

292. Vue de la ville et du port de Bayonne, prise de la mi-côte des Salinières; 1761.

293. Vue du port et de la ville de Bayonne, prise de l'allée de Boufflers, près de la porte de Mouserole; 1761.

294. Vue de la ville et du port de Bordeaux, prise du côté des Salinières; 1758.

295. Vue de la ville et du port de Bordeaux, prise du côté du château Trompette; 1759.

296. Vue du port de la Rochelle, prise de la petite rive; 1762.

297. Vue du port de Rochefort, prise du magasin des Colonies; 1762.

298. Vue de la ville et du port de Dieppe; 1765

Vernet, chargé par Louis XV de peindre les ports de France en 1753, termina ce travail en moins de douze ans.

299. Marine, vue au soleil couchant par un tems brumeux. A gauche est une masse de rochers, sur le devant, des pêcheurs mettent leur barque à flot.

300. Vue d'un port de mer du même effet que le tableau précédent. A gauche on aperçoit une tour et la poupe d'une galère; à droite un vaisseau à trois mâts et la mer qui s'étend jusqu'à l'horizon : sur le devant plusieurs groupes de pêcheurs.

301. Marine, par un tems calme; effet de soleil couchant. On voit sur le devant des canons, des ballots de marchandises, des hommes de diverses nations et un paysan conduisant deux bœufs; à gauche un portique qui s'avance jusqu'au bord de la mer ; à droite un phare et une tour. Ce tableau est de forme octogone; 1762.

302. Marine, effet du matin; pendant du tableau précédent. Sur le devant, des hommes et des femmes sont occupés à recueillir le produit de leur pêche. A gauche, dans le lointain, on aperçoit une tour tombant en ruine et dont le sommet est frappé d'un rayon de soleil; 1762.

303. Vue du pont et du château Saint-Ange, construit sur les ruines du mausolée de l'Empereur Adrien.

304. Vue du *Ponte Rotto* à Rome, dit anciennement pont Sénatorius.

305. Marine. A gauche une maison de plaisance bâtie sur un rocher au pied duquel on aperçoit quelques embarcations. Sur le devant des hommes et des femmes occupés à la pêche, et deux matelots poussant leur barque à la mer.

306. Paysage, effet de clair de lune. Une rivière coule entre deux rives hérissées de rochers. On voit sur le devant une femme et deux pêcheurs.

307. Marine, effet de lune. A gauche un rempart à l'extrémité duquel s'élève un pavillon d'une construction élégante. Sur le devant deux matelots viennent puiser de l'eau à une fontaine; près de là un feu devant lequel un homme et une femme apprêtent leur repas; 1762.

308. Une tempête, pendant du tableau précédent et de forme octogone. On aperçoit au milieu des flots les restes d'un bâtiment que les

vagues ont brisé contre un rocher, et sur le devant une barque à moitié submergée, dans laquelle des naufragés cherchent leur salut; à droite, des matelots secourant une femme demi-nue et évanouie. Dans le lointain, à gauche, un vaisseau battu des vents cherche à gagner la pleine mer. On voit du même côté la foudre éclater au milieu des nuages; 1762.

309. Marine, effet de clair de lune. Sur le devant, à droite, un feu autour duquel sont réunis des hommes et des femmes. Au-dessus de ce groupe, et sur le second plan, s'élève un édifice. Plus loin, on aperçoit l'entrée d'un port.

310. On voit sur le devant une chaloupe dans laquelle des hommes et des femmes cherchent à aborder le rivage. A gauche des matelots se hasardent sur la pointe d'un rocher et vont leur porter du secours. Au milieu du tableau et sur un plan plus éloigné, on aperçoit un vaisseau brisé contre un écueil sur lequel une partie de l'équipage est parvenue à se sauver; 1753.

311. Marine; effet de clair de lune. A droite, sur le devant, un feu près duquel des matelots apprêtent leur repas.

312. Paysage; vue des environs de Rome, morceau d'étude

313. Effet du soleil au travers d'un brouillard.

314. Vue de mer et de rocher.

VIEN, (JOSEPH) *né à Montpellier en 1716, mort à Paris en 1809; élève de Giral et de Natoire.*

315. L'Ermite endormi. Une aventure particulière a fourni le sujet de ce tableau. En 1750, J. Vien, alors pensionnaire du Roi de France à Rome, peignait un pied d'après nature. Un ermite lui servait de modèle. Tandis que le peintre travaillait, le cénobite prit son violon et bientôt s'endormit; J. Vien le dessina dans cette attitude et en fit le tableau.

316. Un ange apporte la couronne céleste à Saint Germain, évêque d'Auxerre, et à Saint Vincent, diacre de l'église de Sarragosse, et martyr.

VIVIEN, (JOSEPH) *né à Lyon en 1657, mort à Bonn en 1735; élève de Le Brun.*

317. Portrait de Fénélon, peint en buste.

VOUET, (SIMON) *né à Paris en 1582, mort dans la même ville en 1641 ; élève de son père.*

318. La présentation de Jésus au temple.

319. La Vierge, l'Enfant Jésus et S. Jean.

320. Deux Anges, accompagnés de la Vierge, de St.-Jean et de la Madeleine, déposent le corps du Christ dans le tombeau.

321. La Charité romaine, tableau de forme ronde.

322. Réunion d'artistes. Celui qui tient un compas passe pour être Metezeau, architecte. On croit reconnaître Pierre Corneille dans le poète couronné de laurier placé derrière Metezeau, et le Vouet lui-même dans le personnage qui tient un portefeuille et tourne la tête vers le spectateur.

323. Portrait de Louis XIII, couronné de lauriers, couvert de son armure et décoré de l'Ordre du S.-Esprit; la France et la Navarre qu'il gouverne, semblent se mettre sous sa protection. On reconnaît ces deux états à leurs armes.

WATTEAU, (Antoine) *né à Valenciennes en 1684, mort au village de Nogent, près Paris, en 1721; élève de Claude Gillot.*

324. L'embarquement pour l'île de Cythère.

ÉCOLES FLAMANDE, ALLEMANDE ET HOLLANDAISE.

ALTORFER, *attribué à*

325. Des Chevaliers combattant contre des Turcs dans les défilés de Lissa.

ASSELYN, (Jean) *né à Anvers vers 1610, travailla en Italie et mourut à Amsterdam en 1660, élève d'Isaac Van Ostade.*

326. Vue du pont *Lamentano* sur le Teverone, près de Rome ; une femme montée sur un bœuf conduit des animaux.

327. Vue du Tibre que des bestiaux traversent à gué ; dans le lointain est un pont défendu par une tour.

328. Paysage montueux arrosé par un fleuve ; des voyageurs, avec leurs bagages, attendent la barque pour passer à l'autre bord. Tableau de forme ovale.

329. Une ruine au bas de laquelle est la hutte

de deux pâtres qui gardent des chèvres et des moutons. Pendant du tableau précédent.

BACKUISEN, (Ludolph ou Louis) *né à Embden en* 1631, *mort à Amsterdam en* 1709, *élève d'Everdingen.*

330. Escadre hollandaise de dix bâtimens de guerre sous voile, et faisant route de conserve.

331. Le Port d'Amsterdam.

332. Marine. On voit sur le devant deux pêcheurs au pied d'un vieux arbre.

333. Marine. A droite est un grand bâtiment; on aperçoit à gauche plusieurs barques; le ciel est nébuleux.

334. Une Marine.

BEERSTRAATEN. (Jean)

335. L'ancien port de Gênes.

BEGA, (Corneille ou Cornille) *né à Harlem en* 1620, *mort de la peste dans la même ville en* 1664, *élève d'Adrien Van Ostade.*

336. L'Intérieur d'un ménage rustique. Un homme et une femme sont assis près d'une table.

BERGEN, (Thierry Van) *né à Harlem vers 1640, élève d'Adrien Van den Velde.*

337. Marche d'animaux parmi lesquels on distingue un taureau blanc qui traverse un ruisseau : plus loin un cheval effrayé s'enfuit au milieu d'un troupeau de bœufs, de moutons et de chèvres.

BERGHEM, (Nicolas Klaas *dit*) *né à Harlem en 1624, mort dans la même ville en 1683, élève de Van Haerlem son père, de Van Goyen et de J.-B Weenix.*

338. Un paysage que traverse une rivière; à gauche un village; plus loin des montagnes dont le sommet se perd dans les nuages ; à droite un chemin sur lequel des paysans conduisent leurs troupeaux. Tableau connu sous le titre de *Vue des côtes de Nice.*

339. Paysage entrecoupé de masses d'arbres et de rochers; le chemin est couvert de bestiaux et de voyageurs, parmi lesquels est une paysanne à cheval; une femme lui présente son enfant.

340. Des pâtres font traverser à leur troupeau le gué d'un fleuve qui parcourt une vaste campagne.

341. L'Abreuvoir. On y voit des bestiaux gardés par une femme debout, tenant une quenouille et un fuseau.

342. Le passage du bac; il est déjà rempli de bestiaux. Des bergers et une femme montée sur un mulet attendent leur tour pour y faire entrer leur troupeau.

343. Animaux conduits au pâturage. Sur le devant du tableau, une paysanne à pied tient dans ses bras un agneau. Une autre est montée sur un bœuf.

344. Paysage, effet de soleil couchant. Une jeune fille lave ses pieds dans un ruisseau où des vaches viennent se désaltérer.

345. Vue d'une vallée entrecoupée de bouquets d'arbres et couverte de troupeaux. Sur le devant, un homme dans le costume oriental est assis près d'une femme richement vêtue, et paraît s'entretenir avec une paysanne.

346. Paysage. On voit sur le devant deux femmes dont l'une trait une chèvre.

347. Paysage. Sur le devant une femme à cheval ; plus loin trois autres personages ; un troupeau traversant un gué.

348. Paysage.

349. Paysage.

BERKEYDEN, (GUÉRARD) *né à Harlem en 1643, mort dans la même ville en 1693; son maître n'est pas connu.*

350. Vue de la Colonne Trajane et de l'Église de Sainte-Marie-de-Lorrette, à Rome.

BLOEMEN, (JEAN-FR. VAN) *dit l'ORRISONTE, né à Anvers en 1656, mort à Rome vers 1740; on ignore de qui il est élève.*

351. Un paysage dans le style historique, orné de fabriques et de ruines; sur le devant trois jeunes filles viennent puiser de l'eau à une fontaine.

352. Autre Paysage du même style que le précédent; on voit sur le premier plan un homme assis et une femme debout, portant un paquet sur sa tête.

353. Paysage orné de fabriques. Sur le devant deux hommes et une femme causent ensemble; du côté opposé de la route, un pauvre assis leur demande l'aumône.

BOL, (FERDINAND) *né à Dordrecht vers 1620, mort en 1681, élève de Rembrandt.*

354. Le Portrait d'un Mathémathicien tenant en main un instrument de géométrie; peint en 1658.

ÉCOLES FLAMANDE,

355. Portrait d'homme vêtu de noir, le bras gauche posé sur une balustrade ; 1659.

356. Un philosophe méditant dans son cabinet ; il a devant lui, sur une table couverte d'un tapis, un livre, une tête de mort, un instrument de musique, une mappemonde, un casque et divers autres objets.

357. Des enfans traînés dans un char par des chèvres.

BOTH, (JEAN) *dit* BOTH D'ITALIE, *né à Utrecht en 1610 ; élève d'Abraham Bloëmaert. Il ne faut pas le confondre avec André Both, son frère ; ils travaillèrent toujours ensemble et moururent la même année dans leur ville natale, en 1650.*

358. Vue d'Italie au soleil couchant ; parmi les figures, qui sont d'André Both, on remarque un cavalier et une femme sur un mulet conduit par un paysan.

359. Vue d'un défilé entre des rochers escarpés. Au milieu est un chemin creux que gravissent deux ânes chargés.

BOUDEWYNS, (N.) *de Bruxelles.*

360. Un port de mer : un marché aux poissons.

BRAUWER, (Adrien) *né à Harlem en 1608, mort à Anvers en 1640; élève de François Hals.*

361. L'intérieur d'une tabagie.

BRÉDA, (François Van) *né à Anvers; élève de son père, Jean Van Bréda, vivait en 1750.*

362. Une halte militaire.

BRÉEMBERG, (Bartholomé) *né à Utrecht en 1620, mort en 1660; son maître n'est pas connu.*

363. Le Repos de la Sainte-Famille, dans un paysage orné de fabriques; les figures sont de C. Poëlenburg.

364. S. Jean prêchant dans le désert.

365. Le martyre de S. Etienne.

366. Ruines de l'ancienne Rome; une fontaine décore le milieu d'une vaste place, où l'on voit quelques figures et des animaux.

367. Ruines de l'ancienne Rome et marché d'animaux. On voit sur le devant du tableau une femme qui allaite un enfant.

368. Autre vue des ruines de Rome, auxquelles le peintre a réuni la porte des jardins Farnèse, attribuée à Vignole. Sur le devant à droite, une femme lave du linge à une fontaine; à gauche est un troupeau de bœufs et de chèvres.

BREKELENKAMP. (N.)

369. Un vieillard occupé à écrire.

BREUGHEL, (JEAN) *dit* DE VELOURS, *né à Bruxelles, vers* 1589, *mort à Anvers en* 1642; *élève de Goe-Kindt.*

370. Le Paradis terrestre. Le devant est orné d'une multitude d'animaux, de fruits et de fleurs de toutes espèces. On voit dans le lointain le Créateur s'entretenant avec Adam et Eve.

371. Uranie accompagnée d'un enfant tient en main le globe céleste; elle est entourée d'oiseaux qui jouent à ses pieds ou voltigent dans les airs. Les figures sont de Van Baëlen.

372. Une guirlande de fleurs sur lesquelles sont perchés divers oiseaux. Au milieu est un médaillon; figures par Rubens. Il représente la Vierge couronnée par un ange, et tenant sur ses genoux l'Enfant Jésus.

373. La Bataille d'Arbelles. Darius vaincu par Alexandre est forcé d'abandonner son char et de prendre la fuite. Sa famille est faite prisonnière.

374. Un Pont sur une rivière; il est vu de face, et l'on y voit passer des voyageurs; à gauche, l'entrée d'une ville. Petit tableau de forme ronde.

375. Petit paysage avec figures et animaux.

BREUGHEL (PIERRE.) dit le Vieux.

376. Un Village de Flandre près d'un canal. Sur le devant une femme vend du lait.

377. La danse de village, pendant du tableau précédent.

BRIL, (PAUL) *né à Anvers en* 1556, *mort à Rome en* 1626; *élève de Daniel Wortelmans.*

378. Paysage. Les figures sont d'Annibal Carrache, et représentent une chasse aux canards.

379. Paysage; pendant du tableau précédent: sur le devant est une rivière que traverse un pont de branches d'arbres. On y voit passer Diane suivie de quelques-unes de ses nymphes.

380. Autre paysage. On y remarque des pêcheurs conduisant une barque.

381. Pendant du tableau précédent. L'artiste y a placé la fable de Pan et Syrinx.

382. Paysage orné de ruines: sur le devant, des bergers conduisent deux troupeaux nombreux, l'un de chèvres, l'autre de moutons.

CEULEN. (COR.-JANSON VAN)

383. Portrait d'un homme vêtu de noir.

CHAMPAIGNE, (PHILIPPE DE) *né à Bruxelles en 1602, mort à Paris en 1674; élève de Fouquières.*

384. Le Portrait de Philippe de Champaigne, peint en 1668, à l'âge de 66 ans. Il est vu de trois quarts, la main droite posée sur la poitrine, et tient de la gauche un rouleau de dessins. M. R.

385. Portrait en pied de Louis XIII, couronné par la victoire.

386. Portrait en pied du Cardinal de Richelieu.

387. Portrait de Robert Arnaud d'Andilly, célèbre écrivain de Port-Royal, né en 1588, mort en 1674.

388. Portrait d'homme vêtu de noir; il est assis

devant une table couverte de livres. Tableau de forme ovale.

389. Portrait en pied d'une jeune fille vêtue de blanc ; elle tient sur son doigt un oiseau de proie.

390. Une jeune fille ayant les mains jointes.

391. La fille aînée de Philippe de Champaigne, religieuse à Port-Royal, étant réduite à l'extrémité par l'effet d'une fièvre continue, et se voyant abandonnée des médecins, crut devoir le rétablissement de sa santé aux prières de l'une de ses compagnes, la mère Catherine Agnès. C'est pour en conserver la mémoire, que ce peintre exécuta, en 1632, ce chef-d'œuvre connu sous le nom des *Religieuses*.

592. Le Repas chez Simon le Pharisien. La Madeleine, prosternée devant Jésus-Christ, lui baise les pieds après y avoir répandu des parfums.

393. La Cène. Le caractère de vérité et de simplicité qui se fait remarquer dans les traits et dans l'expression des apôtres, a pu donner lieu de croire que le peintre a introduit dans sa composition les portraits de quelques-uns des solitaires de Port-Royal, Antoine Lemaître, Arnaud d'Andilly, Blaise Pascal, etc.

394. Le Christ mort étendu sur son linceul.

395. S. Ambroise, Archevêque de Milan, étant en oraison la nuit dans son église, S. Gervais et S. Portais lui apparaissent, et lui révèlent le lieu où leurs corps sont inhumés.

396. S. Ambroise fait transporter dans un grand appareil les corps de S. Gervais et de S. Protais, de l'endroit où ils ont été trouvés, à la cathédrale de Milan. Ce tableau et le précédent avaient été peints pour l'église de S.-Gervais.

397. L'apôtre S. Philippe, demi-figure.

398. Grand paysage dont le site offre un désert. Le peintre y a représenté Marie, nièce de S. Abraham, ermite, recevant dans sa cellule la visite d'un jeune solitaire.

399. Paysage; pendant et suite du tableau précédent; des malades se font transporter à la cellule de Marie pénitente pour obtenir leur guérison par l'attouchement de ses habits.

CONING. (N.)

400. Petit portrait en pied de Charles Ier., roi d'Angleterre. Ce tableau, qui a toujours été attribué à N. Coning, sur lequel on n'a pas de particularités, et qu'il ne faut pas confondre

avec Salomon Coning, porte les traces de la signature H. P.

CRAESBECKE, (Joseph Van) *né à Bruxelles vers 1608 ; on ignore l'année de sa mort.*

401. Craesbecke dans son atelier, faisant le portrait d'Adrien Brauwer, son maître et son ami.

402. Corneille Zaft Leeven à son chevalet.

CRANACH, (Lucas Muller *dit* Luc de), *né à Cranach, diocèse de Bamberg, en 1472, mort à Weimar en 1552.*

403. Abraham, par ordre de Dieu, conduit son fils Isaac au haut de la montagne pour l'offrir en sacrifice. L'artiste a réuni dans ce tableau, suivant l'usage de quelques peintres anciens, trois différentes actions du même sujet.

404. Petit portrait en buste, qu'on présume être celui de Jean-Frédéric le Magnanime, alors électeur de Saxe.

405. Portrait du Prince Jean-Frédéric, dépouillé de ses états par Charles-Quint.

406. Portrait de Frédéric III, Electeur de Saxe.

CRAYER, (GASPARD DE) *né à Anvers en* 1582, *mort en* 1669; *élève de Raphaël Coxcie.*

407. La Vierge, tenant dans ses bras l'Enfant Jésus, reçoit l'hommage de plusieurs saints prosternés au pied de son trône; S. Augustin, évêque; S. Antoine, ermite; S. Etienne, martyr; sainte Barbe, Sainte Monique et une autre sainte. Cette dernière présente à la Vierge et à son fils une corbeille de fleurs.

408. Composition mystique. S. Augustin, revêtu de ses habits pontificaux, est frappé d'une lumière divine et est en extase. Des anges l'accompagnent et le soutiennent.

CUYP, (ALBERT) *né à Dort, en* 1606; *élève de Jacques Guerrits Cuyp, son père.*

409. Un pâturage sur le bord d'un fleuve : on y voit plusieurs vaches couchées; l'homme qui les garde est assis et joue du chalumeau.

410. Un cavalier partant pour la promenade, un domestique lui présente l'étrier, un autre est déjà monté à cheval et se dispose à suivre son maître.

411. Le Retour de la promenade. Le cavalier est suivi de trois domestique; deux sou

cheval, l'autre est à pied et tient une perdrix.

412. Une jeune fille donne à manger à une chèvre que son frère vient de lui amener.

413. Un chasseur tenant une perdrix : demi-figure.

414. Une Marine. La mer est agitée; on voi éclater la foudre près d'un vaisseau battu par les flots.

DECKER, (JEAN) *imitateur de Jacques Ruisdaël.*

415. Paysage. Une chaumière située sur le bord de l'eau et abritée par plusieurs groupes d'arbres. On aperçoit sur le devant une femme qui lave du linge; plus loin, deux hommes pêchant à la ligne. Figures d'Adrien Van Ostade.

416. Habitation rustique, au bord d'une rivière sur laquelle flotte un bateau chargé de quatre personnes. Figures de Fragonard père.

DELEN, (THIERRY VAN) *né à Heusden, vivait en 1633, mort à Arminden en Zélande, où il avait été élu bourguemestre ; élève de François Hals.*

417 La partie de ballon. Les joueurs s'exercent

dans la cour d'un palais. En avant, sur une espèce de terrasse, quelques personnages richement habillés prennent le plaisir de la promenade.

DENIS. (N.)

418. Paysage et animaux.

DIEPENBEKE, (Abraham Van) *né à Bois-le-Duc, en 1607, mort à Anvers, en 1675; élève de Rubens.*

419. Clélie passant le Tibre, et emmenant avec elle ses jeunes compagnes.

DOW, (Gérard) *né à Leyden en 1613, mort dans la même ville en 1680, élève de Rembrandt.*

420. Portrait de Gérard Dow; il est vu de face et à mi-corps, tenant sa palette.

421. Le père et la mère de Gérard Dow dans l'intérieur de leur ménage. La mère assise devant la croisée, et ayant près d'elle son rouet et une chaise sur laquelle est posé un plat de poisson, fait la lecture de la bible que le vieillard paraît écouter attentivement.

422. L'Arracheur de dents.

ALLEMANDE ET HOLLANDAISE. 77

423. Une Femme occupée à lire.

424. Le Peseur d'or.

425. La Femme hydropique. Elle est assise dans un fauteuil ; sa fille en pleurs est à ses genoux. Derrière le fauteuil de la femme hydropique, le médecin, debout, considère avec attention la liqueur contenue dans un flacon qu'il tient à la main. La scène est ornée de meubles, de tapis et autres accessoires d'un goût recherché.

426. Le Trompette. Il est devant une fenêtre décorée d'un riche tapis. Dans le fond du tableau on aperçoit l'enfant prodigue à table avec des courtisannes.

427. L'Épicière de village. Elle est dans sa boutique et tient en main des balances.

428. La Cuisinière hollandaise.

429. Une femme accrochant une volaille à sa croisée.

DUC, (JEAN LE) *né à La Haye en* 1636, *mort dans la même ville en* 1671; *élève de Paul Potter.*

430. L'Intérieur d'un corps-de-garde. A gauche,

sur le devant, des soldats fument et jouent aux cartes. Du côté opposé, un officier paraît courtiser une femme mise élégamment ; elle est assise et tient dans sa main un collier de perles; on voit à ses pieds une grande quantité de bijoux de toute espèce.

431. Une jeune femme que des voleurs viennent d'arrêter, se met à genoux devant eux et leur demande grâce.

DUCHATEL, (N.) *imitateur de Teniers.*

432. Le portrait d'un homme à cheval, dans le costume d'un grand seigneur des Pays-Bas; son cheval est tenu par un écuyer.

DYCK, (Antoine Van) *né à Anvers en 1598, mort à Londres en 1641 ; élève de Rubens.*

433. Charles Ier., Roi d'Angleterre; il est descendu de cheval, et accompagné d'un écuyer et d'un page.

434. Portrait de Charles Ier., duc de Bavière, né en 1617, mort en 1680, et celui de Robert son frère, né en 1619, mort en 1682 : ce der-

nier fut fait duc de Cumberland par le Roi Charles Ier., son oncle.

435. Portrait d'Isabelle-Claire-Eugénie, souveraine des Pays-Bas, fille de Philippe II, Roi d'Espagne. Elle avait épousé l'archiduc Albert d'Autriche, en 1599; devenue veuve en 1621, elle prit l'habit de religieuse.

436. Portrait d'une dame et de sa fille.

437. Portrait en pied d'un homme et de sa fille, pendant du tableau précédent.

438. François de Moncade, marquis d'Aytonne, gouverneur des Pays-Bas pour Philippe IV, Roi d'Espagne. Il mourut à Clèves en 1635, il est à cheval en habit militaire, et tient le bâton de commandant.

439. Portrait en buste de François de Moncade; quelques personnes attribuent ce morceau et les deux suivans au chevalier Lely.

440. Le portrait de François II, comte du Luc, de Vintimille de Marseille, né en 1606, mort en 1667. Il tient une orange à la main.

441. Portrait de Van Dyck peint en buste.

442. Portrait d'homme vêtu de noir; la main droite posée sur le côté, la gauche sur la garde de son épée.

443. Portrait d'homme vêtu de noir; le bras droit appuyé sur la base d'une colonne, son manteau relevé sous le bras gauche.

444. Portrait d'homme en cheveux longs, vêtu de satin feuille-morte, la main gauche posée sur le côté.

445. Le Christ mort couché sur les genoux de la Vierge et pleuré par les Anges; esquisse.

446. La Vierge et l'Enfant Jésus recevant l'hommage d'une Sainte et d'un Roi.

447. S. Sébastien percé d'une flèche qu'un Ange retire de son côté.

448. *Ex voto*. La Vierge et l'Enfant Jésus reçoivent l'hommage du donateur et de sa femme qui les invoquent à genoux.

449. Vénus accompagnée de l'Amour demande à Vulcain des armes pour Enée.

450. L'Embarquement d'Enée après l'embrasement de Troye.

451. Portrait d'homme.

452. Mars et Vénus.

DYCK, (Philippe Van) *dit* le petit Van Dyck, *né à Amsterdam en 1680, mort en 1752; élève de d'Arnold Boonen.*

453. Sara présentant Agar à Abraham.

454. Abraham renvoie Agar et son fils Ismaël.

ÉCOLE FLAMANDE.

(Maître inconnu.)

455. Portrait d'homme vêtu de noir, la main droite sur le côté.
456. Tête de Christ.
457. Une tête de Vierge, sur bois.

EECKOUT, (GERBRAND VAN DEN) *né à Amsterdam en 1621, mort en 1673, élève de Rembrandt.*

458. Anne ayant obtenu un fils, le présente au grand Prêtre Héli, et le consacre au Seigneur. Elcana, son mari, apporte les présens d'usage pour les offrir à l'Éternel.

ELSHEYMER, (ADAM) *né à Francfort en 1574, mort à Rome en 1620, élève de Philippe Offenbach.*

459. La fuite en Égypte; effet de clair de lune.
460. Le bon Samaritain panse les plaies du blessé qu'il a recueilli.

EVERDINGEN, (ALBERT VAN) *né à Alkmaer en 1621, mort dans la même ville en 1675; élève de Roland Savery et de Pierre Molyn.*

461. Paysage. Un ciel orageux, un site mon-

tueux et sauvage, coupé par une rivière qui fait tourner un moulin ; une ferme devant laquelle on voit passer plusieurs voyageurs à cheval. Du même côté s'élève, au-dessus d'un roc, une église d'une construction gothique.

EYCK, (JEAN VAN) *dit* JEAN DE BRUGES, *né à Maseyck vers* 1370, *mort à Bruges en* 1441 ; *inventeur de la peinture à l'huile.*

462. La Vierge couronnée par un ange. Devant elle Saint Joseph à genoux adore l'Enfant Jésus.

463. Les Noces de Cana. Jésus bénit les vases que lui présentent les serviteurs à genoux, et l'eau est changée en vin.

F. H. 1633.

464. Portrait d'homme en buste, vêtu de noir, avec une fraise.

FAES, (PIERRE VAN DER) *dit* LE CHEVALIER LELY, *né à Soest en Westphalie en* 1618, *mort à Londres en* 1680, *élève de Grebber et imitateur de Van Dyck.*

465. Petit Portrait d'un homme en collet blanc à dentelles.

FICTOOR ou VICTOOR, (Jean) *florissait en* 1640.

466. Une jeune fille à sa croisée.

467. Jacob, aidé de Rebecca, surprend à son père Isaac la bénédiction due, par droit d'aînesse, à son frère Esaü.

FLINCK, (Govaert) *né à Clèves en* 1616, *mort à Amsterdam en* 1690 ; *élève de Rembrandt.*

468. Portrait d'une petite fille dans le costume de bergère.

469. Un Ange annonce aux Bergers la naissance de Jésus-Christ.

FRANK (François) le jeune, *né à Anvers en* 1580, *mort dans la même ville en* 1642 ; *élève de son père, François Franck,* dit *le Vieux.*

470. Histoire d'Esther.

471. Le Christ entre les deux Larrons. Ce sujet, colorié, est entouré de huit autres sujets tirés de la Passion, et peints en grisaille ; aux coins du tableau sont les quatre Évangélistes peints de la même manière.

472. L'Histoire de l'Enfant prodigue, en neuf sujets réunis dans un seul cadre. Celui du

milieu seul est colorié, et représente le retour de l'Enfant prodigue dans la maison paternelle. Les huit autres, de plus petite dimension, sont peints en grisaille.

FYT, (JEAN) *né à Anvers, florissait vers 1652.*

473. Une Corbeille de raisin, un lièvre, des perdrix, bouvreuils, bécasses et autres pièces de gibier sur une table que recouvrent un linge et un tapis vert.

474. Oiseaux, lièvre et gibier de toute espèce serrés dans une office.

GLAUBER, (JEAN) *dit* POLIDOR, *né à Utrecht en 1646, mort à Amsterdam en 1726; élève de Berghem.*

475. Paysage. Un riche vallon coupé de rochers et de masses d'arbres d'un aspect varié. On voit dans le lointain une fête en l'honneur du dieu Pan, et sur le devant des bergers et des bergères gardant leurs troupeaux. Les figures sont de Gérard de Lairesse.

GOYEN, (Jean Van) *né à Leyden en 1596, mort à La Haye en 1656, élève de Willem Gerrits*

476. Vue d'un village sur le bord d'un canal. On voit sur la rivière un bateau à voiles, et des bestiaux que l'on passe dans un bac.

GRIFF. (N.)

477. Lièvres, perdrix et autres pièces de gibier accrochés à une branche d'arbre ; plus loin un chasseur donnant du cor.

HAGEN, (Van der) *né à La Haye, vivait en 1660, on ignore l'année de sa naissance et celle de sa mort.*

478. Un Paysage.

479. Autre paysage.

HALS, (François) *né à Malines en 1584, mort en 1666 ; élève de Charles van Mander.*

480. Portrait de René Descartes.

ÉCOLES FLAMANDE,

HEEM, (Jean David de) *né à Utrecht en 1600, mort à Anvers en 1674; élève de son père David de Heem.*

481. Sur une table couverte d'un tapis vert orné d'une frange d'or, une grappe de raisin, un plat de fraises, une huître ouverte, un citron, etc.

482. Fruits et diverses pièces de dessert posés sur une table.

HELST, (Bartolomé Vander) *né à Harlem en 1613, mort à Amsterdam dans un âge très-avancé; son maître n'est pas connu.*

483. Des Bourguemestres distribuant le prix de l'arc.

484. Portrait d'homme vêtu de noir. Il a la main gauche sur la poitrine, la droite appuyée sur le côté.

485. Portrait de femme; elle tient des deux mains son éventail: pendant du précédent.

HEMMESSEN, (Jean de) *né à Anvers, florissait en 1550.*

486. Le jeune Tobie, accompagné de l'Ange, rend la vue à son père.

HEUS, (Guillaume de) *né à Utrecht en* 1638, *mort fort âgé dans la même ville; élève de Jean Both.*

487. Paysage, effet de soleil; sur le devant, deux pâtres conduisent leurs bestiaux.

HEYDEN, (Jean Vander) *né à Gorcum en* 1637, *mort à Amsterdam en* 1712; *n'eut pour maître qu'un peintre sur verre peu connu.*

488. Vue de la Maison de ville d'Amsterdam, avec une partie de la place et des édifices qui l'environnent; les figures de ce tableau et des deux suivans sont d'Adrien Van den Velde.

489. Église et Place d'une ville de Hollande.

490. Vue d'un village situé sur le bord d'un canal; les barques sont de Guillaume Van den Velde.

HOLBEIN, (Jean) *né à Basle en* 1498, *mort à Londres en* 1554; *élève de son père Jean Holbein.*

491. Portrait de Thomas Morus, grand chancelier d'Angleterre, décapité en 1535, par ordre de Henri VIII.

492. Portrait d'Erasme, ami de Jean Holbein; il écrit et est vu de profil.

493. L'Archevêque de Cantorbéry, peint en 1523, à l'âge de 70 ans.

494. Maître Nicolas Kratzer, né en Bavière, astronome du roi d'Angleterre Henri VIII.

495. Portrait de femme vêtue d'une robe et d'un corset rouge, ornés de broderies en or; elle tient ses mains jointes.

496. Tête d'homme avec un chapeau noir.

497. Portrait d'homme avec une toque, les mains croisées.

498. L'Adoration des Mages; tableau de chevalet.

499. Trois sujets réunis dans un seul cadre. Celui du haut représente Saint François recevant les stygmates. Le sujet du milieu, le plus grand des trois, Jésus descendu de la croix, soutenu par la Vierge, Saint Jean et les saintes Femmes. Holbein a placé au-dessous de celui-ci le Christ faisant la cène avec ses disciples.

HONDEKOETER, (MELCHIOR) *né à Utrecht, en* 1636, *mort à Amsterdam en* 1695; *élève de son père Gisbrecht Hondekoeter.*

500. Deux paons, deux faisans, un perroquet, un singe dérobant des fruits.

HONTHORST, (GÉRARD) *né à Utrecht en* 1592, *vivait encore en* 1662; *élève d'Abraham Bloëmaert. Honthorst n'est connu en Italie, où il a beaucoup travaillé, que sous le nom de Gherardo delle Notti.*

501. Portrait du prince Charles-Louis, électeur palatin du Rhin, peint en 1640.

502. Pendant du portrait précédent. Il représente le prince Louis; les deux tableaux sont de forme ovale.

503. Pilate se lave les mains, et déclare qu'il est innocent du sang du juste que le peuple veut verser.

504. Saint Pierre renie Jésus-Christ.

HOOCH, (PIERRE DE) *né en* 1643. *Le lieu de sa naissance et l'année de sa mort ne sont pas connus; élève de Berghem.*

505. Intérieur d'une maison hollandaise que des femmes viennent de laver, suivant l'usage du pays.

506. Intérieur d'une chambre richement meublée, où l'on voit une femme jouant aux cartes et montrant son jeu à un militaire placé derrière elle; dans le fond, deux autres personnages causant ensemble, et un jeune domestique.

HUNTER. (N.)

507. Combat de cavalerie.

HUYSMANS, (Cornille) *surnommé Huysmans de Malines, né à Anvers en 1648, mort en 1727; élève de Jacques Van Artois.*

508. Un paysage.

509. Autre paysage.

HUYSUM, (Jean Van) *né à Amsterdam en 1682, mort dans la même ville en 1749; élève de son père Juste Van Huysum.*

510. Un paysage. On voit sur le premier plan des jeunes filles cueillant des fleurs pour orner un tombeau.

511. Petit paysage. On aperçoit les ruines d'un monument abrité par un groupe d'arbres.

512. Autre paysage. Sur le devant une rivière et des hommes qui se baignent.

513. Paysage avec figures. Sur le devant une femme tient un enfant par la main et porte un paquet sur sa tête.

514. Des raisins, des pêches, des prunes, des framboises, un melon ouvert, un pavot et d'autres fleurs; dans le fond un vase orné d'un

bas-relief où sont représentés des jeux d'enfans.

515. Corbeille de fleurs posée sur une table de marbre; roses de différentes espèces; pieds d'alouette et anémones.

516. Tulipes, narcisses, jacinthes, oreilles d'ours dans une corbeille sur une table de marbre.

517. Pêches, raisin blanc et violet, prunes, melon et framboises, groupés avec quelques fleurs sur une table de marbre.

518. Roses de différentes espèces, pavots, tubéreuses et anémones, dans un vase orné d'un bas-relief représentant des jeux d'enfans.

519. Un grand Vase orné de bas-reliefs, et rempli de toutes sortes de fleurs. Il est posé sur un piédestal de marbre; au pied du vase est un nid d'oiseau avec les œufs.

JARDIN, (KAREL DU) *né à Amsterdam en* 1635, *mort à Venise en* 1678; *élève de Berghem.*

520. Portrait fait en 1657, et qu'on croit être celui du peintre.

521. Jésus crucifié entre les deux larrons, en présence des Juifs, des disciples et des saintes femmes qui soutiennent la Vierge évanouie.

522. Le Bocage ; le site est entrecoupé d'arbres, de rochers et de chutes d'eau. On voit sur le devant un âne, deux vaches et des moutons.

523. Le Pâturage; il est ombragé par de grands arbres, sous lesquels on voit des moutons, une vache et deux poulains. Plus loin, un berger qui joue avec son chien.

524. Le Gué; à gauche sur la hauteur, une chapelle ; sur le devant une rivière que traversent des bestiaux.

525. Une fileuse, devant une chaumière couverte en paille, garde un bœuf, un mouton et une chèvre. Près d'elle un enfant reçoit l'aumône d'un voyageur.

526. Des charlatans montés sur des tréteaux et débitant leurs drogues.

527. Paysage avec figures et animaux ; effet de soleil. Une femme montée sur une charrette attelée d'un cheval blanc, traverse un gué. Un homme le passe à pied tenant dans ses bras une jeune paysanne.

528. Un paysage.

JORDAENS, (JACQUES) *né à Anvers en* 1594, *mort dans la même ville en* 1678; *élève d'A-dam Van Oort et de Rubens.*

529. Les Quatre Évangélistes, demi-figures.

530. Jésus chassant les vendeurs du temple.

531. Un Satyre, un enfant et une femme qui trait une chèvre.

532. Le Roi boit. Composition de dix demi-figures.

533. Le Concert de famille. Composition de huit demi-figures.

534. Portrait de l'amiral Ruyter.

KALF, (GUILLAUME) *né à Amsterdam vers 1630, mort dans la même ville en 1693; élève de Henri Pot.*

535. L'intérieur d'une cuisine, où l'on voit entassés des légumes et divers ustensiles; on aperçoit une servante sur les marches d'un escalier; dans le fond un homme et une femme près d'une cheminée.

KESSEL, (JEAN VAN) *né à Anvers en 1626, mort dans la même ville, on ne sait pas en quelle année; imitateur de Breughel de Velours.*

536. Guirlande de fleurs et de fruits ornant un cartouche au bas duquel sont réunis des poissons et des oiseaux, produit de la pêche et de la chasse. Au milieu se trouve un médaillon de la main de Téniers; il représente deux

jeunes gens, dont l'un souffle des bulles de savon.

537. Une Guirlande de fleurs. Au milieu est un médaillon peint par Franck le jeune. Il représente la Vierge, l'Enfant Jésus et deux Anges.

LAAR, (PIERRE VAN) *dit* LE BAMBOCHE, *né à Laaran, travailla en Italie, et mourut à Harlem en 1675. Son maître n'est pas connu.*

538. Le départ de l'Hôtellerie.

539. Un Pâtre jouant du chalumeau près d'une femme qui trait une chèvre. Ces deux tableaux font pendans et sont de forme ovale.

LAIRESSE, (GÉRARD DE) *né à Liége en 1640, mort à Amsterdam en 1711 ; élève de son père Rénier de Lairesse.*

540. L'Institution de l'Eucharistie.

541. Hercule jeune entre le Vice et la Vertu.

542. Le Débarquement de Cléopâtre au port de Tarse. Elle est reçue par Antoine et suivie par un nombreux cortège.

LIEVENS, (Jean) *né à Leyden en 1607, on ne sait pas en quelle année ni en quel lieu il est mort; élève de Pierre Lastman.*

543. La Vierge visitant Sainte Élisabeth.

LIMBORCH, (Henry Van) *élève d'Adrien Vander Werf.*

544. Les Plaisirs de l'âge d'or. Les deux principaux personnages paraissent offrir des portraits. Ils sont entourés de femmes et d'enfans qui se livrent à toutes sortes de jeux.

545. Le Repos de la Sainte Famille à la porte d'un palais dont le maître, richement vêtu, adresse la parole à la Sainte Vierge. Cette dernière figure paraît être un portrait.

LINGELBACK, (Jean) *né à Francfort-sur-le-Mein en 1625, mort à Amsterdam en 1687.* On ignore le nom de son maître.

546. Un Marché aux herbes. Le fond est orné de monumens de sculpture et d'architecture.

547. Un port de mer avec un grand nombre de figures, dont quelques-unes ont le costume grec moderne. Sur le devant une dame et un cavalier suivis d'un jeune homme qui tient au-dessus de leur tête un parasol.

548. Paysans buvant à la porte d'une hôtellerie.

549. Paysage. Sur le devant un homme à cheval tient un pannier. Le paysage est peint par Wynants.

LUCAS DE LEYDEN, (LUCAS DAMMESZ *dit*)
né à Leyden en 1494, mort dans la même ville en 1533, fils et élève de Hugues Jacobs.

550. La Descente de Croix; composition de neuf figures.

551. La Salutation Angélique.

552. La Sainte Famille.

MAES. (VAN)

553. L'intérieur d'un corps-de-garde où des soldats jouent aux dés sur un tambour.

MÉEL ou MIEL, (JEAN) *né en 1599, mort à Turin en 1644, élève de Guérard Seghers et d'André Sacchi.*

554. Un pauvre demande l'aumône à des paysans qui prennent un repas à la porte de leur chaumière.

555. Le barbier napolitain; pendant du tableau précédent.

556. Halte militaire.

557. La Dînée des Voyageurs; pendant du tableau précédent.

558. Deux figures dans un paysage.

MÉTSYS, (QUINTIN) *dit* LE MARÉCHAL D'ANVERS, *né à Anvers vers* 1450, *mort dans la même ville en* 1529.

559. Un Joaillier pesant des pièces d'or. Près de lui est sa femme qui feuillette un livre orné de miniatures.

METZU, (GABRIEL) *né à Leyden en* 1615, *mort à Amsterdam vers* 1658; *imitateur de Gérard Dow et de Terburg.*

560. Le portrait de l'amiral Tromp, vu à mi-corps; il a le chapeau sur la tête et une canne à la main.

561. La Femme adultère.

562. Le Marché aux herbes d'Amsterdam.

563. Un militaire fait présenter des rafraîchissemens à une dame.

564. Une femme à son clavecin; derrière son fauteuil, un homme debout tient d'une main son chapeau, et de l'autre indique le livre de musique.

565. Un chimiste lisant près d'une fenêtre dont l'extérieur est orné d'une vigne.

566. Une femme assise tient un pot de bière et un verre.

567. Une cuisinière pelant des pommes.

MEULEN, (Antoine-François Vander) *né à Bruxelles en* 1634, *mort à Paris en* 1690; *élève de Pierre Snayers.*

568. Entrée de Louis XIV dans une ville conquise. La Reine dans son carrosse reçoit l'hommage des magistrats.

569. Vue de la ville de Luxembourg. Les figures et les chevaux sont de Vander Meulen. Le paysage est de Corneille Huysmans, surnommé *Huysmans de Malines.*

570. Entrée de Louis XIV à Dinan. Le paysage est peint par Huysmans de Malines.

571. Entrée de Louis XIV à Arras. Le Roi est à cheval; la Reine dans un carrosse attelé de six chevaux blancs.

572. Vue du Château et des environs de Fontainebleau. Louis XIV y fait la chasse au cerf.

573. Le Siége de Maëstricht par Louis XIV; le Roi est monté sur un cheval blanc.

574. Siége d'Oudenarde par Louis XIV; on voit sur le devant le feu de deux batteries.

575. Le Siége de Douai par Louis XIV; sur le devant, des hommes essaient de relever un cheval tombé sous sa charge.

576. Louis XIV, aux approches d'une ville dont il fait le siége, donne des ordres à ses généraux.

577. Pendant du tableau précédent, et composition du même genre. On aperçoit dans le lointain un combat de cavalerie.

578 Marche d'armée; petit tableau ovale.

579. Halte de cavaliers; pendant du tableau précédent.

580. Bataille au passage d'un pont; esquisse.

581. Pendant du tableau précédent, et même genre de composition.

582. Louis XIV, aux approches d'une ville dont il fait le siége, donne des ordres à ses généraux. On voit dans le lointain un combat de cavalerie.

MIÉRIS (FRANÇOIS VAN) le père, *né à Delft en 1635, mort à Leyden en 1681, élève de Gérard Dow.*

583. Portrait d'un homme vu à mi-corps, enve-

loppé d'un manteau rouge; il a le bras droit appuyé sur un piédestal, et a près de lui un lévrier.

584. Une femme à sa toilette, servie par une négresse

585. Deux Dames vêtues de satin, prenant le thé dans un salon orné de statues.

586. L'Intérieur d'un ménage ; une femme allaite un enfant.

MIÉRIS (GUILLAUME VAN) le fils, *né à Leyden en 1662, mort en 1747; élève de F. Miéris son père.*

587. Un jeune Garçon fait des bulles de savon près d'une fenêtre; une jeune Fille, placée derrière lui, tient une grappe de raisin ; un Enfant regarde l'oiseau renfermé dans une cage.

588. Le Marchand de gibier.

589. Une Cuisinière lève le rideau de sa fenêtre pour y accrocher une volaille. Un jeune Garçon tient un plat rempli de viande.

MIGNON, (ABRAHAM) *né à Francfort en 1640, mort en 1679; élève de Jean David de Héem.*

590. Un écureuil, des poissons, des fleurs et un nid d'oiseaux; fond de paysage.

591. Un Bouquet de fleurs des champs; au-dessous on voit un lézard, une souris, une grenouille; dans le fond deux oiseaux, dont l'un est sur son nid.

592. Des roses, des tulipes, un œillet, une anémone et autres fleurs dans un vase de cristal; pendant du tableau précédent.

593. Fleurs et Fruits.

594. Fleurs et Fruits. Une souris entrant dans un nid d'oiseaux.

MIRVELT, (MICHEL) *né à Delft en 1568, mort dans la même ville en 1642; élève de Blockland.*

595. Portrait d'homme en buste, vêtu de noir, avec une fraise.

596. Portrait d'une femme avec une fraise; elle tient ses gants dans la main gauche.

597. Portrait d'homme vêtu de noir avec une fraise, la main droite sur le côté; la gauche retient le manteau.

MOL, (Pierre Van) *né à Anvers en* 1580, *mort à Paris en* 1650, *élève de Rubens.*

598. Le Christ descendu de la croix entre les bras de S. Jean et des saintes Femmes.

MONY, (Jean de).

599. Un Cavalier offrant une bourse à une jeune fille qui tient un chat. Près d'elle un jeune homme lui montre un oiseau.

MORO, (Antoine) *né à Utrecht en* 1512, *mort à Anvers en* 1568; *élève de Jean Schooreel.*

600. Portrait d'un homme vêtu de rouge; il a sur la tête une toque ornée de plumes; la main droite posée sur une tête de mort, la gauche sur la garde de son épée.

601. Portrait d'homme vêtu de noir, la tête nue, la main droite posée sur une table.

602. Portrait d'homme vêtu de noir, avec une toque, la main droite sur le côté, tenant ses gants dans la main gauche.

MOUCHERON, (Frédéric) *né à Emdem en* 1633, *mort à Amsterdam en* 1686; *élève de Jean Asselyn.*

603. La Vue d'un parc en terrasse avec un es-

calier orné de deux grands vases. Les figures et les animaux sont d'Adrien Van den Velde.

NEEFS, (Péeter) *né à Anvers vers 1570 élève de Steenwick le père; on ne sait pas en quelle année il est mort.*

604. Vue intérieure de la Cathédrale d'Anvers. A gauche, dans une chapelle latérale, un prêtre célèbre la messe.

605. Vue intérieure d'une église. Sur le devant un prêtre revêtu de son surplis s'entretient avec un personnage en manteau rouge, suivi d'un jeune homme.

606. Vue intérieure d'un édifice gothique servant de prison. Un ange délivre S. Pierre. tandis que ses gardes sont endormis : effet de nuit.

607. Vue intérieure d'une église. Petit tableau de forme ovale.

608. Autre Vue du même genre ; pendant du tableau précédent.

NÉER, (Art. Van der) *né en 1619, mort en 1683.*

609. Un Village sur le bord d'une rivière où l'on

voit quelques bateaux. A gauche, sur le devant, trois vaches attribuées à Albert Cuyp.

NÉER, (ÉGLON VAN DER) *né à Amsterdam en 1643, mort à Dusseldorf en 1703 ; élève de Jacques Van Loo.*

610. Paysage. On voit sur le devant des voyageurs et une femme qui conduit une charrette attelée d'un cheval blanc.

611. Une Cuisinière tenant sur le bord d'une fenêtre un baquet où sont des harengs.

NETSCHER (GASPARD)-le père, *né à Prague en 1639, mort à La Haye en 1684.*

612. La Leçon de chant. Une jeune femme en robe de satin blanc, assise et tenant un papier de musique ; derrière elle une femme debout appuyée sur le dossier du fauteuil ; plus loin le maître avec sa guitare.

613. La Leçon de basse de viole. Une femme vêtue de satin blanc, assise devant une table couverte d'un tapis, joue de la basse. Son maître lui présente un cahier ; près d'eux est un jeune homme tenant un violon.

NETSCHER (Constantin) le fils, *né en 1670, mort à La Haye en 1722 ; élève de son père Gaspard Netscher.*

614. Vénus pleurant Adonis métamorphosé en fleur.

OOST (Jacques Van) le père, *né à Bruges vers l'an 1600, mort dans la même ville en 1671; on ne sait pas quel a été son maître.*

615. St. Charles-Borromée communiant les pestiférés dans Milan.

ORLAY, (Bernard Van), *né à Bruxelles; mort en 1790.*

616. Le Mariage de la Vierge.

OSTADE, (Adrien Van) *né à Lubeck en 1610, mort à Amsterdam en 1685; élève de François Hals.*

617. La Famille d'Adrien Van Ostade; composition de dix figures.

618. Le Maître d'école au milieu de ses écoliers et la férule en main.

619. Marché aux poissons.

620. L'Intérieur d'un ménage rustique. Une femme soigne un enfant au berceau.

621. Le Notaire dans son étude.

622. Un Fumeur allumant sa pipe ; dans le fond deux hommes qui jouent aux cartes.

623. Un Buveur tenant le verre d'une main et de l'autre un pot de bière.

OSTADE, (ISAAC VAN) *né à Lubeck en 1612, élève de son frère Adrien Van Ostade.*

624. Halte de Voyageurs à cheval et en chariots à la porte d'une hôtellerie.

625. Un Paysan dans sa charrette s'arrête à la porte d'un cabaret pour se rafraîchir.

626. Un Canal glacé, couvert de traîneaux et de patineurs. A gauche une chaumière sur un terrain élevé.

627. Sujet du même genre, traité d'une autre manière.

PEINS, (GRÉGOIRE) *nommé communément* GEORGE PENTZ, *peintre et graveur, né à Nuremberg en 1500, mort en 1556.*

628. L'Évangéliste Saint Marc vu à mi-corps et entouré d'emblèmes variés.

POEL. (Van der).

629. Des Paysans assis devant la porte d'une ferme; près d'eux une femme qui allaite un enfant. Tableau de forme ovale.

POELENBURG, (Corneille) *né à Utrecht en 1586, mort dans la même ville en 1660; élève d'Abraham Bloemaert.*

630. Un Ange annonce aux bergers la naissance de Jésus-Christ.

631. Paysage. Un homme et une femme gardent des animaux.

632. Paysage avec des ruines. Sur le devant trois baigneuses.

633. Paysage. On voit sur le premier plan quelques baigneuses.

634. Paysage orné de ruines, avec figures et animaux. Sur le devant un berger et son chien.

635. Un lieu sauvage entrecoupé de rochers et de touffes d'arbres. Sur le devant, Diane au bain, servie par ses nymphes; dans le lointain, Actéon changé en cerf et dévoré par ses chiens; le paysage est de Breemberg.

636. Plusieurs femmes nues.

PORBUS (François) le fils, *né à Bruges en 1570, mort à Paris en 1622 ; élève de son père François Porbus.*

637. Guillaume du Vair, né à Paris en 1556, garde des sceaux sous Louis XIII, mort en 1621.

638. Petit Portrait en pied de Henri IV. Il est debout, ganté et cuirassé ; la main droite touche au casque posé sur une table que recouvre un tapis de velours rouge.

639. Autre Portrait de Henri IV. Il est en habit de velours noir, la main droite posée sur une table couverte d'un tapis rouge orné de galons d'or.

640. Portrait en pied de Marie de Médicis, femme de Henri IV ; elle est représentée debout devant son trône ; sa robe en velours bleu est semée de fleurs de lis, et enrichie de pierreries et de perles.

641. La Cène.

642. Saint François en extase, recevant les stygmates.

POTTER, (Paul) *né à Enkuisen en 1625, mort à Amsterdam en 1654 ; élève de Potter son père.*

643. Deux chevaux attachés à l'auge, à la porte

d'un cabaret; un homme leur apporte à boire.

644. Trois bœufs et trois moutons dans une prairie.

PYNAKER, (ADAM) *né à Pynaker, près de Delft, en* 1621*, mort en* 1673.

645. Paysage. Un Muletier s'arrête à la porte d'une auberge. Sur le devant on voit une chèvre broutant un arbuste; dans le lointain une charrette attelée de deux bœufs.

646. Une tour au pied de laquelle est une barque à l'ancre; sur le devant une felouque avec des passagers et leur bagage.

647. Paysage. Des Villageois gardant leurs bestiaux; sur le devant une vache seule.

REMBRANDT *dit* VAN RYN, (PAUL) *né près de Leyden en* 1606*, mort à Amsterdam en* 1674*; élève de Pierre Latsman et d'autres maîtres.*

648. Portrait de Rembrandt. Il tient ses pinceaux et sa palette.

649. Autre portrait de Rembrandt dans sa jeunesse, en buste avec une toque.

650. Portrait du même. Il est coiffé d'une toque et porte au cou une chaîne d'or.

651. Autre portrait de Rembrandt, portant à son cou une chaîne d'or. Ces trois derniers sont de forme ovale.

652. Portrait de femme avec des perles en pendans d'oreilles et une mante fourrée.

653. Portrait d'homme avec des cheveux longs et le chapeau sur la tête.

654. Petit portrait d'homme en buste avec un bonnet fourré.

655. Buste d'un vieillard presque chauve, avec une longue barbe.

656. Tobie et sa Famille prosternés devant l'Ange du Seigneur.

657. Le Samaritain fait transporter dans une hôtellerie l'homme blessé dont il avait lui-même pansé les plaies.

658. Jésus à Emmaüs. Il rompt le pain en présence des disciples.

659. Le même sujet.

660. Saint Mathieu évangéliste. Il écrit et est accompagné d'un ange qui semble lui parler à l'oreille.

661. Vénus et l'Amour.

662. Le Philosophe en méditation; dans le coin à droite, une vieille femme attise le feu.
663. Le Ménage du Menuisier.
664. Le Philosophe. Il est assis devant une fenêtre dans une espèce de galerie, où l'on aperçoit un escalier; il parait méditer profondément.

ROMEYN. (Guillaume Van.)
665. Un bœuf, des moutons et autres animaux dans un pâturage.

ROOS, (Philippe) *dit* Rosa de Tivoli, *né à Otterberg dans le Palatinat en* 1631, *mort en* 1685; *élève de Julien Dujardin.*
666. Un mouton dévoré par un loup. Le paysage est peint par Tempeste.

ROTTHENAMER, (Jean) *né à Munich en* 1566; *élève de Donouwer, acheva de se former à Venise, et mourut à Ausbourg en* 1604.
667. Le Christ portant sa croix.
668. La mort d'Adonis.

RUBENS, (Pierre-Paul) *né à Cologne en* 1577, *mort à Anvers en* 1640, *chef de l'École Flamande; élève d'Otto Venius.*
669. La fuite de Loth et de ses filles conduits par

les Anges. On voit dans des nuages au-dessus de leurs têtes des groupes de démons armés de foudres.

670. Le Prophète Élie, pour se soustraire à la vengeance de Jézabel, s'enfuit dans le désert où il est secouru par un ange. Tableau de figures colossales.

671. L'adoration des Mages.

672. La Fuite en Égypte; effet de clair de lune.

673. La Vierge et l'Enfant Jésus sur des nuages, entourés de groupes d'enfans. Tableau connu sous le nom de *la Vierge aux Anges*.

674. Le Denier de César.

675. Jésus sur la croix, pleuré par Saint Jean, la Vierge et la Madeleine.

676. Le triomphe de la Religion. Montée sur un char traîné par des archanges, la religion montre aux diverses nations qui la suivent le calice, emblême du vrai culte. Près d'elle un ange porte la croix; plus haut deux autres anges tiennent l'un la couronne d'épines, l'autre les clous qui ont servi au crucifiement. De l'autre côté paraît le Génie du christianisme, tenant d'une main son flambeau destiné à éclairer les humains, et leur montrant de l'autre le

chemin qui conduit à la vraie félicité. Deux anges attachent à des colonnes cette peinture qui est censée être une tapisserie, et qui, dans l'origine, devait servir de modèle pour ce genre d'exécution. Les figures sont demi-colossales.

677. Thomiris, Reine des Scythes, après avoir vaincu Cyrus, Roi des Perses, lui fait couper la tête, et la faisant plonger dans un vase de sang, l'insulte par ces paroles : Cruel, rassasie-toi après ta mort du sang dont tu as eu soif pendant ta vie, et dont tu étais insatiable !

678. Diogène, la lanterne à la main, cherchant un homme.

679. La destinée de Marie de Médicis. On voit les Parques filer les jours de Marie de Médicis sous les auspices de Jupiter et de Junon, qui occupent la partie supérieure du tableau.

En 1620, Marie de Médicis ayant choisi Rubens pour peindre dans une des galeries de son palais, aujourd'hui le palais du Luxembourg, les principaux événemens de sa vie, depuis sa naissance jusqu'à l'accommodement qu'elle avait fait à Angoulême avec Louis XIII son fils, ce peintre vint à Paris, composa ces tableaux, et en fit des esquisses. De retour à Anvers, il n'employa que deux années à peindre cette fameuse suite de vingt-quatre sujets dont celui-ci est le premier, suivant l'ordre chronologique.

680. Naissance de Marie de Médicis, le 26 avril 1573, à Florence. Lucine confie la jeune Princesse à la ville de Florence, qui la reçoit entre ses bras. Cette ville est désignée dans le tableau par un lion s'appuyant sur les bords de l'Arno. Rubens, pour traiter plus dignement les traits de l'histoire de Marie de Médicis, les a ornés de toutes les beautés allégoriques; elles sont employées avec tant d'art et de clarté dans ses divers sujets, qu'ils semblent en quelque sorte n'avoir pas besoin d'explication.

681. Éducation de Marie de Médicis. Minerve lui enseigne les élémens des sciences; Apollon les belles-lettres et la musique; Mercure lui fait le don de l'éloquence, et les Grâces lui présentent une couronne.

682. Henri IV reçoit le portrait de Marie de Médicis. Il lui est présenté par l'Amour et l'Hymen; la France, placée près du Roi, l'engage à contracter cette alliance agréable aux dieux.

683. Mariage de Marie de Médicis avec Henri IV. Le grand Duc épouse par procuration la princesse sa nièce, au nom du Roi. Le car-

dinal Aldobrandini leur donne la bénédiction nuptiale. On voit, à la suite de la Princesse, Jeanne d'Autriche, Duchesse de Mantoue; du côté du Grand Duc, le Duc de Bellegarde, porteur de la procuration de Henri IV, et le Marquis de Sillery, négociateur de cette alliance.

684. Débarquement de Marie de Médicis au port de Marseille le 3 novembre 1600. La France, la ville de Marseille, et son clergé vont au-devant de la nouvelle Reine et lui présentent le dais ; les personnes les plus illustres l'accompagnent. L'artiste a introduit dans cette magnifique composition les divinités de la mer qui ont protégé la navigation de Marie de Médicis.

685. Mariage de Henri IV avec Marie de Médicis, accompli à Lyon le 9 décembre 1600. La ville de Lyon, assise sur un char traîné par deux lions, lève ses regards vers le ciel et admire les nouveaux époux qui y sont représentés sous les traits de Jupiter et de Junon. L'Hymen est auprès d'eux, et indique d'une main la constellation de Vénus, sous laquelle ce mariage a été célébré.

686. Naissance de Louis XIII à Fontainebleau, le 27 septembre 1601. Marie de Médicis, la

tête appuyée sur le bras de la Fortune, vient de donner le jour au Dauphin, et le regarde avec une douce satisfaction, qui change en joie toutes les douleurs de l'enfantement; d'un côté la Justice confie le Prince nouveau né au Génie de la santé ; de l'autre est la Fécondité qui, dans sa corne d'abondance, montre à la Reine les cinq autres enfans qui doivent naître d'elle. Ce tableau a toujours été admiré pour l'expression de douleur mêlée de joie, si bien peinte sur le visage de la Reine, qu'elle ne laisse dans l'esprit aucune équivoque.

687. Henri IV part pour la guerre d'Allemagne, et confie à la Reine le gouvernement du royaume. Au milieu d'eux est le Dauphin, leur fils, qui depuis, régna sous le nom de Louis XIII.

688. Couronnement de Marie de Médicis. Cette cérémonie pompeuse se fit à Saint-Denis, le 13 mai 1610. La Reine y paraît à genoux, vêtue du manteau royal. Les cardinaux de Gondy et de Sourdis assistent le Cardinal de Joyeuse qui la couronne. Le Dauphin et sa jeune sœur sont à ses côtés. Le duc de Vantadour porte le sceptre, le Chevalier de Vendôme la main de Justice. La Reine est accompagnée de Marguerite de Valois, de Madame

et des princesses de la cour ; dans le fond, on remarque le Roi dans une tribune, d'où il regarde la cérémonie. Un peu au-dessous sont les ambassadeurs des puissances étrangères. Ce tableau, où brille tout le prestige de l'art, est cité comme le plus remarquable de cette suite historique, et comme l'un des plus beaux de Rubens.

689. *Apothéose de Henri IV. Régence de Marie de Médicis.* Henri enlevé par le Tems est reçu dans l'Olympe ; plus bas et sur la terre, Bellone portant un trophée, et la Victoire assise sur un monceau d'armes, expriment la douleur que leur cause la mort du héros ; l'hydre de la rebellion, quoique blessée, dresse encore sa tête menaçante ; de l'autre côté du tableau, la Reine vêtue de deuil et les yeux baignés de larmes, est assise sur son trône. Elle est accompagnée de Minerve et de la Prudence. La France à genoux lui présente le gouvernement sous l'emblême d'un globe fleurdelisé. Les seigneurs de la cour lui promettent fidélité et dévouement.

690. *Le gouvernement de la Reine.* L'Olympe est assemblé pour présider au gouvernement de Marie de Médicis. Jupiter et Junon, symbole de la Providence, font atteler au globe

de la France plusieurs colombes, emblême de la douceur; i's en donnent la conduite à l'Amour; devant eux sont la Paix et la Concorde. Cependant Apollon armé de ses flèches, Minerve de sa lance, et Mars, que Vénus veut en vain retenir, chassent la Discorde, l'Envie, la Haine et la Fraude, monstres ennemis de la félicité publique.

691. Voyage de Marie de Médicis au Pont-de-Cé en Anjou. La Reine, montée sur un superbe coursier et suivie de la Force, indiquée par un lion, vient de réduire le Pont-de-Cé, où se fomentait une guerre civile. La Victoire la couronne, et la Renommée publie ses succès.

692. Échange des deux princesses. Isabelle de Bourbon doit épouser Philippe IV; Anne d'Autriche Louis XIII. La France et l'Espagne, désignées par leurs attributs, donnent et reçoivent les nouvelles Reines. La Félicité dans les cieux, entourée d'une foule d'Amours, répand sur elles une pluie d'or; un Fleuve et une Nayade leur offrent des perles et du corail.

693. Félicité de la Régence. La Reine, sur son trône, tient d'une main le sceptre, et de l'autre une balance; Minerve et l'Amour sont

à ses côtés. Des médailles, des lauriers et autres récompenses sont distribués aux génies des beaux-arts, qui foulent aux pieds l'Ignorance, la Médisance et l'Envie. Le Tems, couronné des diverses productions des saisons, conduit la France au siècle d'or.

694. Majorité de Louis XIII. Marie de Médicis remet à son fils le gouvernement de l'État sous l'emblême d'un vaisseau dont il tient le gouvernail, et que met en mouvement la Force, la Religion, la Bonne Foi et la Justice. D'autres Vertus prennent soin des voiles; deux Renommées publient la sage conduite de la Reine dans son gouvernement.

695. La Reine s'enfuit du château de Blois, où son fils l'avait reléguée par le conseil de ses courtisans. Elle en sortit par une fenêtre; ce qu'indique d'une manière très-précise une de ses femmes qu'on en voit descendre. Minerve confie la Reine à la fidélité et au courage du duc d'Epernon, qui l'attend avec quelques officiers; ils paraissent la rassurer tous par des protestations de zèle et de dévouement.

696. Réconciliation de Marie de Médicis avec son fils. La reine tient conseil à Angers avec les cardinaux la Valette et de la Rochefou-

cauld; ce dernier l'engage à accepter le rameau d'Olivier que Mercure lui présente, et à faire la paix avec Louis XIII. Le cardinal de La Valette, au contraire, lui retient le bras pour marquer qu'il est d'un avis opposé; la Prudence, placée à la gauche de la Reine, semble lui inspirer de se tenir sur ses gardes.

697. La conclusion de la paix. Devant le temple de la Paix, cette déesse éteint le flambeau de la guerre sur un amas d'armes devenues inutiles, tandis que Mercure et l'Innocence y introduisent Marie de Médicis, malgré les violens efforts et la rage impuissante de la Fraude, de la Fureur et de l'Envie.

698. Entrevue de Marie de Médicis et de son Fils. Pour montrer la droiture de leurs intentions, Louis XIII et sa Mère se donnent dans le ciel des témoignages d'une union sincère et qu'exprime d'une manière symbolique la Charité pressant contre son sein un des enfans qui lui servent d'attribut; de l'autre côté du tableau est le gouvernement de la France, précédé du Courage, qui foudroie et précipite l'hydre de la rebellion.

699. Le Temps fait triompher la Vérité qui, soutenue par le Temps, s'élance vers le ciel, où la Reine et son fils se réconcilient, après

avoir reconnu que de faux avis avaient seuls causé leur mésintelligence. Ce sujet est le vingt-unième et dernier de l'histoire de Marie de Médicis; les trois autres, qui portent le nombre des tableaux de cette galerie à vingt-quatre, sont les portraits en pied de François de Médicis, de Jeanne d'Autriche et de Marie de Médicis, sous la forme de Bellone. (*Voyez les trois numéros suivans.*)

700. Portrait de François de Médicis, grand duc de Toscane, père de Marie de Médicis.

701. Portrait en pied de Jeanne d'Autriche, grande duchesse de Toscane, fille de l'empereur Ferdinand Ier., mère de Marie de Médicis.

702. Portrait de Marie de Médicis sous la forme de Bellone, entourée des attributs de la guerre.

703. Jean Richardot, président du conseil des Pays-Bas, mort en 1689; il donne la main à un enfant.

704. Portrait d'une dame de la famille Boonen; elle tient une cordelière en filigrane.

705. Portrait d'Elisabeth de Bourbon, fille de Henri IV et femme de Philippe IV, roi d'Espagne; elle est assise et tient un bouquet de roses.

706. Portrait d'une femme avec deux enfans. Ce morceau n'est qu'en partie ébauché.

707. Kermesse ou fête de village. M. R.

708. Tournois près des fossés d'un château.

709. L'Arc-en-ciel; paysage.

710. Paysage : effet de soleil. A droite, un moulin à vent. Dans le coin à gauche, un filet tendu pour prendre des oiseaux.

711. Jeune homme peint en buste.

RUYSDAEL, (JACQUES) *né à Harlem en* 1540, *mort à Amsterdam en* 1681 ; *on croit qu'il n'a pas eu de maître.*

712. Paysage. On voit dans le fond un village situé près d'un bois ; à droite sur le devant, un chemin sablonneux bordé de quelques touffes d'arbres ; un homme suivi de trois chiens.

713. Forêt coupée par une rivière où des bestiaux viennent s'abreuver. Les figures et les animaux sont peints par Berghem.

714. Une vaste campagne éclairée par un coup de soleil. On y remarque un pont, et sur la

droite un moulin à vent. Les figures sont de Philippe Wouwermans.

715. Une tempête.

716. Un paysage.

717. Un paysage.

SANTWOORT. (D. V.)

718. Jésus-Christ à Emmaüs. Notre Seigneur, assis à table entre ses deux disciples, rompt le pain et le bénit en levant les yeux au ciel.

SCHALKEN, (Godefroy) *né à Dort en 1643, mort à La Haye en 1706; élève de Samuel Van Hoogstraten et de Gérard Dow.*

619. La Sainte-Famille. La Vierge tient sur ses genoux l'Enfant Jésus emmaillotté; elle est accompagnée d'un Ange, de Sainte Anne qui soulève le voile de l'Enfant, et de Saint Joseph, occupé à souffler le feu d'un réchaud.

720. Cérès cherchant, le flambeau à la main, sa fille Proserpine.

721. Deux femmes, dont l'une tient une bougie allumée.

722. Un Vieillard répond à une lettre qu'il tient à la main.

SCHOWAERT. (N.)

723. Paysage avec un grand nombre de figures et d'animaux; sur la hauteur, à gauche, l'entrée d'un village.

724. Autre paysage. A droite est l'entrée d'une forêt où l'on voit des paysans dans un chariot.

SEGHERS, (GÉRARD) *né à Anvers vers* 1589, *mort dans la même ville en* 1651; *élève de Van Baelen.*

725. Saint François en extase, soutenu par les anges.

SEIBOLDT, (CHRÉTIEN) *né à Mayence en* 1697, *mort à Vienne en* 1768.

726. Seiboldt, peint en buste, coiffé d'une toque grise.

SLINGELANDT, (PIERRE VAN) *né à Leyden en* 1640, *mort en* 1691; *élève de Gérard Dow.*

727. Une Dame est assise entre ses deux enfans dont l'un tient un nid d'oiseaux; près d'elle est un perroquet perché sur un bâton; son mari remet une lettre à un jeune nègre.

728. Petit portrait d'homme dans un cadre ovale

729. De la vaisselle, un coffre, un tonneau et divers autres objets, de nature morte.

SNEYDERS, (FRANÇOIS) *né à Anvers en 1579, mort dans la même ville en 1657; élève de Van Baelen.*

730. Un Cerf poursuivi par la meute; en fuyant il vient de lancer un des chiens en l'air.

731. Entrée des animaux dans l'arche de Noë: les deux lions sont les mêmes que ceux qu'on voit dans le tableau de Rubens, représentant le mariage de Henri IV, accompli à Lyon. (*Voyez* le n°. 685)

732. Un Cheval et autres quadrupèdes.

733. Un lion, un cerf, une autruche et autres animaux.

734. Des Chiens dans un garde-manger se disputent un gigot.

735. Intérieur d'une cuisine avec des poissons de toute espèce.

736. Autre Intérieur de cuisine, et objets du même genre que ceux du tableau précédent.

737. Des melons, des citrons et autres fruits; un singe, un écureuil et un perroquet.

SPRONG, (GUÉRARD) *né à Harlem en 1600;
éléve de son pére.*

738. Une femme tenant ses gants dans la main droite. Portrait à mi-corps.

STAVEREN. (VAN)

739. Un Géographe dans son cabinet.

STEEN, (JEAN) *né à Leyden en 1636, mort à Delft en 1689; éléve de Van Goyen.*

740. Danse et Banquet de paysans.

STEENWICK (HENRI VAN) le fils, *né à Amsterdam en 1589, mort en Angleterre; éléve de son pére H. Van Steenwick.*

741. Intérieur d'une église, avec deux seules figures; l'une représente un homme sortant avec un flambeau allumé, l'autre une vieille femme assise près de la porte.

742. Vue intérieure d'une vaste salle dans le style gothique; elle communique à une autre pièce au fond de laquelle on aperçoit les préparatifs d'un repas. Les figures sont de Corneille Poelenburg, et représentent Jésus chez Marthe et Marie.

743. Intérieur d'une église. Dans une chapelle, à gauche, le sacristain fait examiner à des curieux le tableau de l'autel.

744. Vue intérieure d'une église. A gauche, sur le devant, un pauvre reçoit l'aumône.

745. Intérieur d'église avec figures.

SWANEVELT, (HERMAN) *dit* HERMAN *d'Italie, né à Woerden en* 1620, *mort à Rome en* 1690 ; *élève de Claude Le Lorrain.*

746. Un Payage; effet de soleil couchant : des bergers et des voyageurs. On remarque sur le devant un villageois portant un paquet sous son bras.

747. Paysage éclairé par le soleil couchant. On voit sur un plan éloigné un pâtre qui garde des bestiaux ; sur le devant un homme et une femme portant un paquet sur sa tête.

748. Paysage. Sur le devant deux voyageurs, e une femme montée sur un âne.

749. Autre paysage, pendant du précédent. L'un et l'autre sont de forme ovale. On voit dans ce dernier une femme tenant une corbeille sur sa tête, deux autres personnages et un berger gardant un troupeau de chèvres.

750. Paysage orné de figures. Forme ovale.

TENIERS (DAVID) le jeune, *né à Anvers en 1610, mort à Bruxelles en 1694, élève de son père et d'Adrien Brauwer.*

751 Les œuvres de miséricorde. Un homme riche, accompagné de sa femme et de ses serviteurs, distribue aux pauvres du pain, de l'argent et des vêtemens.

752. S. Pierre renie Jésus-Christ. Sur le devant du tableau des soldats jouent aux cartes.

753. L'Enfant prodigue à table avec des courtisanes.

754. La Tentation de S. Antoine. Il est à genoux devant un crucifix; un vieillard présente au saint ermite un verre rempli de liqueur; derrière lui est une vieille femme lisant un papier qu'elle tient à la main.

755. Des Paysans occupés à boire et à fumer à la porte d'un cabaret. Des pêcheurs lèvent leurs filets.

756. Un fumeur assis seul devant une table. Plus loin des hommes qui jouent aux cartes.

757. Intérieur d'un estaminet. Sur le devant, à gauche, des hommes jouent aux cartes; plus loin l'hôte reçoit de l'argent d'un cavalier; une femme et des enfans sont assis auprès du feu.

758. L'Intérieur d'une tabagie. Une femme assise près d'un buveur ; dans le fond des fumeurs devant une cheminée.

759. La Noce de village.

760. Danse de paysans à la porte d'un cabaret.

761. La Chasse au héron. On présume que le personnage qu'on aperçoit dans le fond, suivi de deux écuyers, est l'archiduc Léopold.

762. Le Rémouleur.

763. Le Joueur de cornemuse ; on voit dans le fond du tableau des hommes qui jouent aux cartes.

764. Buste de Vieillard en robe et en bonnet fourrés.

———

TERBURG, (GÉRARD) *né à Zwol en 1608, mort à Deventer en 1681 ; élève de son père.*

765. Un militaire offre de l'argent à une jeune dame.

766. La Leçon de musique.

767. Un Conseil de magistrats ; esquisse.

768. Une Musicienne.

THULDEN, (THÉODORE VAN) né à Bois-le-Duc en 1607; on ignore l'année de sa mort; élève de Rubens, avec lequel il travailla à la galerie du Luxembourg.

769. Grande composition du genre mystique. Notre Seigneur, après sa résurrection, accompagné de plusieurs saints personnages et d'un ange qui porte l'étendard déployé, apparaît à sa mère, aux pieds de laquelle sont les instrumens de la passion. Un Ange, en soulevant le voile de la Vierge, découvre les traits de son visage. Le fond et le cintre du tableau offrent un concert nombreux d'esprits célestes portés sur des nuages et jouant de divers instrumens.

ULFT, (JEAN VAN DER) né à Gorcum en 1627; l'année de sa mort et le nom de son maître sont inconnus.

770. Porte de ville dont les murs sont baignés par une rivière.

771. Vue d'une place publique où se font les préparatifs d'une fête. On y remarque une multitude de personnages en costumes anciens.

V.

772. Paysans réunis dans un cabaret, l'un d'eux fume, l'autre lit la gazette.

VANLOO, (JACQUES) *né à l'Écluse en Flandre en 1614, mort en 1670.*

773. Le Portrait de Michel Corneille, peintre et graveur, né à Paris en 1642, mort en 1780.

VELDE, (ADRIEN VAN DEN) *né à Amsterdam en 1639, mort en 1672; élève de Wynants.*

774. Un troupeau de bœufs et de moutons sur le bord d'une rivière. Sur le second plan, deux bergers dont l'un pêche à la ligne. Effet de soleil levant.

775. Un Pâtre et sa femme jouent avec leur enfant en faisant paître leur troupeau.

776. Pâturage couvert de troupeaux. Sur la gauche une chaumière près de laquelle sont assis deux hommes et une femme.

777. Promenade d'un prince de la maison d'Orange sur la plage de Schevelingen.

778. Paysage et animaux. Dans le lointain une hôtellerie.

779. Les amusemens de l'hiver.

VENNE, (Van der) *né à Delft en* 1586, *mort en* 1650; *élève de Jérôme Van Diest.*

780. Fête donnée à l'occasion de la trève conclue entre l'Archiduc Albert d'Autriche et les Hollandais en 1609. Le paysage et les accessoires sont de Breughel de Velours.

VERKOLIE, (Jean) le père, *né à Amsterdam en* 1650, *mort à Delft en* 1693; *élève de Jean Lievens.*

781. Une femme tient sur ses genoux un enfant enveloppé dans ses langes. Une servante lui apporte une tasse ; à droite une table couverte d'un tapis, à gauche un chien et le berceau de l'enfant.

VERKOLIE, (Nicolas) le fils, *né à Delft en* 1673, *mort en* 1746; *élève de son père.*

782. Proserpine cueillant des fleurs avec ses compagnes dans la prairie d'Enna. On aperçoit dans le lointain Pluton qui se dispose à l'enlever.

VINTRANCK. (N.)

783. Paysage avec figures et animaux. A gauche un vieux arbre dépouillé de verdure sur lequel on voit un hibou perché ; à droite une rivière et des canards.

VLIEGER. (N.)

784. Une marine par un temps calme. Sur le devant quelques vaisseaux ; dans le lointain une ville fortifiée.

785. Petit tableau de marine.

VOS (Martin de) *d'Anvers.*

786. La Chasse au sanglier. L'animal furieux, forcé par les chiens, en a mis plusieurs hors de combat.

VOYS, (Ari-de), *né à Leyden en 1641 ; élève de Van den Tempel.*

787. Portrait d'un négociant assis à son bureau.

788. Un peintre à son chevalet. On croit que c'est Adam Pinaker, célèbre paysagiste.

WEENIX (Jean-Baptiste) le père, *né à Amsterdam en 1621, mort près d'Utrecht vers 1660 ; élève d'Abraham Bloemaert.*

789. Corsaires Turcs débarqués et repoussés. Sur

le devant du tableau, une jeune femme et un enfant implorent le général contre un Levantin qui leur a volé des effets précieux.

WEENIX (JEAN) le fils, *né à Amsterdam en 1644, mort en 1719; élève de J.-B. Weenix son père.*

790. Un lièvre accroché à une croisée; perdrix et instrumens de chasse.

791. Un paon, un lièvre et autres pièces de gibier déposés au pied d'un grand vase et gardés par un chien.

WERF, (ADRIEN VAN DER) *né à Kralinguer-Ambach, près Rotterdam, en 1659, mort dans la même ville en 1722; élève d'Eglon Van der Néer.*

792. Adam et Eve près de l'arbre du bien et du mal.

793. La fille de Pharaon fait retirer du Nil le jeune Moïse.

794. La Chasteté de Joseph.

795. Un ange annonce aux Bergers la venue du Messie.

796. La Madeleine dans le désert; elle tient un livre, et a près d'elle une tête de mort.

797. Séleucus, roi de Syrie, près de perdre son

fils Antiochus, éperdument amoureux de Stratonice sa belle-mère, la lui accorde pour épouse, et l'envoie régner sur une portion de ses vastes états.

798. Deux Nymphes dansant devant un jeune Faune qui joue de la flûte.

WOLFMUTT. (N.)

799. Jésus devant Pilate.

WOUWERMANS, (Philippe) *né à Harlem en 1620, mort dans la même ville en 1668; élève de son père et de P. Wynants.*

800. Le départ pour la chasse. On voit sur un plan éloigné des cavaliers arrêtés près d'une fontaine d'où sort un jet d'eau; à gauche, au bas de l'escalier qui conduit à la terrasse d'un château, un Suisse armé de sa hallebarde.

801. Un Manège près d'une rivière. Deux écuyers, dont l'un monte un cheval blanc attaché au poteau, l'autre un cheval brun.

802. Le Départ pour la chasse au vol.

803. Des voyageurs traversent un torrent à gué, d'autres le passent sur un pont de bois.

804. La chasse au cerf; l'animal poursuivi par les chiens s'est jeté à l'eau.

805 Choc de cavalerie.

806. Choc de cavalerie polonaise.

807. Halte de cavaliers près d'une tente.

808. Halte de voyageurs.

809. La sortie de l'hôtellerie.

810. Le bœuf gras promené par des paysans à l'entrée d'une ville.

WOUWERMANS, (PIERRE) *né à Harlem; on ignore l'année de sa naissance et celle de sa mort; élève de son frère Philippe Wouwermans.*

811. Vue de Paris, prise de la tour de Nesle, sur le bord de la Seine. On aperçoit dans le fond le Pont-Neuf et la statue de Henri IV.

WYNANTS, (JEAN) *né à Harlem vers 1600, mort en 1670, emprunta le pinceau de ses élèves Adrien Van den Velde et Wouwermans, et le plus souvent de Lingelback, pour placer des figures dans ses tableaux.*

812. Vue d'un chemin qui sépare un bois de la

rivière; il est couvert de troupeaux; sur le devant on voit deux chasseurs qui se reposent; à gauche une grande étendue de pays. Les figures et les animaux sont d'Adrien Van den Velde.

813. Vue d'une ferme dans une vaste campagne arrosée par une rivière, et coupée par un bois et deux routes. Les figures et les animaux sont d'Adrien Van den Velde.

814. Petit paysage avec un chemin où l'on voit un cavalier allant à la chasse au vol.

ZAFT-LÉVEN, (HERMAN) *né à Rotterdam en 1609, mort dans la même ville en 1685; élève de Van Goyen.*

815. Vue du cours du Rhin; petit paysage orné de fabriques, de barques et de figures.

ZORG, (HENRI ROKES, surnommé) *né à Rotterdam en 1621, mort en 1682; élève de Téniers.*

816. L'intérieur d'une cuisine où sont épars divers ustensiles. On aperçoit dans le fond un homme et une femme devant une cheminée.

817 Légumes et ustensiles dans une cuisine où l'on voit une femme tirant de l'eau d'un puits.

ZUSTRIS ou SUSTER, (Lambert) né à Amsterdam, travailla à Florence, et mourut à Munich vers 1600; élève de Christophe Schwartz et du Titien.

818. Vénus sur son lit, accompagnée de l'Amour, et jouant avec ses colombes.

ÉCOLE D'ITALIE.

ALBANE, (Francesco Albani) *né à Bologne en 1578, mort en 1660; élève des Carrache.* (École bolonaise.)

819. L'Éternel commande à Gabriel d'annoncer à la Vierge Marie qu'elle deviendra mère par l'opération du Saint-Esprit; un ange apporte une tige de lys, symbole du message divin. A la voix du Très-Haut, la Paix et la Justice s'embrassent, la Foi et l'Espérance se prêtent un mutuel secours, et la hiérarchie céleste célèbre l'accomplissement de ce mystère.

820. La Salutation angélique. Gabriel, porté sur un nuage, les bras croisés sur la poitrine, tient un lys de la main droite; la Vierge à genoux, occupée de la lecture, se retourne et témoigne son étonnement. Dans la partie supérieure, le peintre a représenté le St.-Esprit et trois anges portés sur des nuages.

821. Le même, avec quelques différences.

822. Le Repos en Égypte. Deux anges offrent des fruits et des fleurs à l'Enfant Jésus assis sur les genoux de sa mère, un troisième abaisse la branche d'un arbre pour que la Vierge puisse en cueillir le fruit ; de l'autre côté, Saint Joseph conduit un âne à la rivière.

823. Répétition du même sujet avec quelques changemens.

824. L'Enfant Jésus embrasse Saint Jean, qui lui est présenté par la Vierge et Sainte Elisabeth. Saint Joseph médite ; des anges répandent des fleurs ou adorent le Sauveur en silence.

825. Jésus apparaît à la Madeleine après sa résurrection.

826. Saint François en oraison devant un crucifix. Il pose la main gauche sur une tête de mort.

Les tableaux placés sous les quatre numéros suivans retracent les amours de Vénus et d'Adonis.

827. Vénus, impatiente d'essayer l'effet de ses charmes sur le cœur d'Adonis, se regarde avec

complaisance dans une glace qui lui présage la victoire. Assise sur les bords de la mer, elle est accompagnée des Grâces et des Amours qui s'occupent de l'embellir encore. Déjà Cupidon chante les douceurs d'une union désirée, et des enfans ailés abreuvent d'ambroisie les cygnes qu'ils vont atteler au char de la déesse.

828. Tandis que Vulcain se repose aux pieds de Vénus, les Amours forgent des traits, les aiguisent, les essaient, forment des arcs, montrent leur force et leur adresse merveilleuses en présentant à la déesse un bouclier percé de flèches. Diane et ses compagnes, portées sur des nuages, contemplent avec des yeux inquiets la forge et les travaux des Amours.

826. A la suite de leurs travaux, les Amours se livrent à un sommeil perfide; les nymphes de Diane les surprennent, les désarment, détruisent les carquois, les arcs et les traits qu'elles redoutent. Calisto semble défier les Amours; mais sa compagne, plus prudente, l'engage à ne pas les réveiller. Diane, dans les airs, s'applaudit de sa victoire.

830. Les Amours ont bientôt réparé leurs pertes; tout cède à leur empire, dans les airs, sur la terre, sur les eaux. L'un d'eux conduit Ado-

nis aux pieds de Vénus endormie. En vain le chien, fidèle compagnon du jeune chasseur, veut l'entraîner vers les forêts; il ne peut quitter tant de charmes. Les Amours, placés près du lit de la déesse, semblent, par leurs signes, recommander le silence et le secret.

831. Apollon, pour venger la mort de son fils Esculape, que Jupiter avait foudroyé, tua les Cyclopes à coups de flèches. Banni de l'Olympe, il était réduit à garder les troupeaux d'Admète, roi de Thèbes, lorsque le Maître des Dieux, touché de ses souffrances, rassembla les divinités du ciel et commanda à Mercure de lui annoncer la fin de son exil. Dans le lointain, on aperçoit Pégase, l'Hélicon, l'Hippocrène et les Muses.

832. Cybèle, assise sur son trône, accompagnée de Flore, de Cérès, de Bacchus, de Pomone, invoque la chaleur de l'astre du jour, qui fait naître et mûrir les productions de la terre.

833. Actéon métamorphosé en cerf.

834. Daphné poursuivie par Apollon.

835. Salmacis voyant Hermaphrodite se baigner dans la fontaine dont elle était nayade, en devient éperduement amoureuse.

836. Vénus et Adonis.

837. Latone métamorphosant des paysans en grenouilles.

838. Diane et Actéon.

ALBERTINELLI, (MARIOTTO) *né à Florence vers l'an* 1467, *mort vers* 1512, *élève de Cosimo Rosselli.* (Ecole Florentine.)

839. L'Enfant Jésus, dans les bras de sa Mère, bénit S. Jérôme et S. Zénobe, évêque de Florence. Dans le lointain, à gauche, S. Jérôme est au pied de la croix; à droite, S. Zénobe, visitant les églises de son diocèse, ressuscite un jeune homme qu'on portait en terre et le rend à sa mère, dont il était le soutien.

ALEXANDRE VÉRONÈSE, (ALESSANDRO TURCHI *dit* L'ORBETTO) *né à Vérone vers* 1580, *mort vers* 1650, *élève de Felice Riccio dit il Brusa-Sorci.* (Ecole vénitienne.)

840. Le Déluge. La terre est presque submergée. C'est en vain qu'un père, après

avoir sauvé son enfant, retiré de l'eau sa femme évanouie ; qu'un autre étend une draperie pour abriter sa compagne et son fils. Les noyés et ceux qui luttent encore contre les eaux toujours croissantes, offrent de toutes parts l'aspect d'une mort inévitable. M. R.

841. Samson endormi est livré par Dalila aux Philistins; le plus hardi lui coupe les cheveux. La mâchoire d'âne et l'épée qui sont entre les mains de deux enfans, désignent les armes qui l'avaient rendu redoutable à ses ennemis.

842. La Femme adultère amenée devant Jésus.

843. Mariage mystique de Ste. Catherine d'Alexandrie. M. R.

844. Vaincu et trahi par les siens, Antoine s'est donné la mort; il expire étendu sur un lit. Proculeius, envoyé par Octave, est à ses côtés. Vers la droite, Cléopâtre perdant l'espoir de séduire le vainqueur, se laisse piquer par un aspic, et tombe évanouie entre les bras de ses femmes.

ALEXANDRE VERONESE. (genre d')

845. Irène, veuve chrétienne, panse avec sa suivante les plaies de Saint Sébastien percé de flèches pour la défense de la foi.

ALFANI, (Orasio di Paris) *né à Pérouse vers 1510, mort en 1583; élève de Dominico di Paris son père.* (École romaine.)

846. A genoux aux pieds de la Vierge, Sainte Catherine d'Alexandrie reçoit du Sauveur l'anneau nuptial, en présence de Saint Antoine de Padoue, qui tient une branche de lys à la main, et de Saint François d'Assise, qui porte un livre et un crucifix.

ALLORI, (Cristofano) *né à Florence en 1577, mort en 1621, élève de son père Alessandro Allori, surnommé il Bronzino.* (Ecole florentine.)

847. En 1494, Charles VIII, Roi de France, marchant en Italie pour faire la conquête du royaume de Naples, vint à Pavie, et logea dans le même château où gisait grièvement malade Jean Galéas, duc de Milan. Le Roi, suivi de sa cour, allait le visiter, lorsqu'Isabelle d'Arragon, épouse du Duc, se jetant aux pieds du Monarque, essaya de le détour-

ner de la guerre contre son père Alphonse, Roi de Naples, et sollicita sa bienveillance en faveur de son époux et de son fils. Charles, touché de sa jeunesse et de sa beauté, l'accueillit honorablement, mais lui déclara que l'entreprise était trop avancée pour en suspendre l'exécution.

ALUNNO, (NICCOLO) *de Foligno*. (École romaine.)

848. Six sujets renfermés dans le même cadre :

1°. Deux anges soutiennent un cartel contenant une inscription en vers élégiaques altérée par le tems. On y célèbre la générosité d'une dame nommée Brisida, et les talens du peintre Alunno.

2°. La Prière au jardin des Oliviers; les apôtres endormis sur le premier plan.

3°. La Flagellation de Jésus attaché à une colonne.

4°. Le Portement de croix.

5°. Jésus élevé en croix au milieu des deux larrons.

6°. Saint Pierre fuyant de Rome, et interrogeant le Sauveur qui lui apparaît : *Domine, quò vadis?*

ANDRÉ DEL SARTO, (ANDREA VANNUCCHI) *né à Florence en* 1488, *mort en* 1530. (Ecole florentine.)

Il fut élève de Gio. Barile, sculpteur en bois, puis de Pier di Cosimo, et parvint, en étudiant les fameux cartons de Michel-Ange et de Léonard de Vinci, à donner à ses figures des contours assez purs pour mériter le surnom d'*Andrea Senza Errori*.

849. La Vierge et l'Enfant Jésus écoutent Saint Jean qui leur est présenté par Ste. Elisabeth. Les tristes vérités dont il est l'interprète répandent une vive douleur parmi les Anges et la Sainte-Famille.

850. La Charité, représentée par une femme assise avec deux enfans sur ses genoux; l'un d'eux lui prend le sein avec avidité; à ses pieds un troisième enfant dort sur une draperie. Ce tableau est l'un des premiers remis sur toile en France. On conserva long-tems les planches qui lui avaient servi de fond; elles furent exposées avec le tableau dans la galerie du Luxembourg, pour la première fois, en 1750. André avait exécuté ce tableau en 1518, peu de tems après son arrivée en France.

851. L'Annonciation. Forme cintrée.

852. La Sainte-Famille. Tableau ovale.

ANDREA SQUAZZELLA, *élève d'Andrea del Sarto.* (Ecole florentine.)

853. Jésus déposé de la croix, soutenu par Nicodème. La Madeleine lui baise les pieds; Joseph d'Arimathie et l'une des saintes femmes soutiennent la Vierge évanouie.

ANGELI, (GIUSEPPE) *vivait en 1763; élève de Gio. Batista Piazzetta.* (Ecole vénitienne.)

854. La tête couverte d'un bonnet de poil, les épaules revêtues d'un manteau fourré, un homme, appuyé sur son épée, regarde les spectateurs; à ses côtés un jeune homme bat le tambour.

ANSELMI, (MICHEL-ANGELO) *né à Lucques en 1491, mort en 1554* (École de Parme.)

Il fut élève de Giannantonio Razzi, dit Michel-Angelo.

le Sodoma, et se perfectionna à Parme, en étudiant les ouvrages du Corrège, qui était moins âgé que lui.

855. La Vierge présente son fils à l'adoration des anges. St. Jean-Baptiste et St. Étienne, premiers martyrs, sont à genoux sur le premier plan du tableau.

ASSISI, (ANDREA DI) *né vers 1470, mort vers 1556; élève du Pérugin.* (École romaine.)

856. Des anges soutiennent le pavillon du trône sur lequel la vierge assise présente son fils à l'adoration de deux saints martyrs. Elle est accompagnée de Saint Joseph et de Saint Jean l'Evangéliste.

BANDINELLI, (BACCIO) *né en 1487, mort en 1559, élève de Gio. Francesco Rustici.* (École florentine.)

857. Portrait de Bandinelli, peint par lui-même. Il est coiffé d'une toque, pose la main droite sur une tête de marbre, et le bras gauche sur une plinthe de pierre.

BAROCHE, (Federigo Barocci *ou* Fiori) *né à Urbin en* 1528, *mort en* 1612. (Ecole romaine.)

Il fut élève de Batista Franco, et étudia les ouvrages du Titien et de Raphaël.

858. Assise sur des nuages, la Vierge tient sur ses genoux l'Enfant Jésus qui présente une palme à Sainte Lucie, prosternée à ses pieds. Derrière la sainte, un ange porte sur une coupe les yeux dont elle fut privée en souffrant le martyre; à gauche, Saint Antoine, abbé, médite sur les divines écritures.

859. Sainte Marguerite. Demi-figure.

BASSANO, (Jacopo da Ponte, *dit* le) *né en* 1510, *mort en* 1592. (Ecole vénitienne.)

Son nom lui vient du lieu de sa naissance : il fut élève de Francesco da Ponte son père, puis de Bonifazio, et devint chef d'une école qui fut long-tems soutenue par ses quatre fils, Francesco, Leandro, Gio. Batista et Girolamo.

860. Portrait de Jean de Bologne, sculpteur célèbre, né à Douai en 1524, mort en 1608.

861. Le frappement du rocher; Moïse et Aaron sont sur le troisième plan.

862. La Vierge à genoux près de l'Enfant Jésus

couché dans la crèche, lève le lange qui le couvre pour l'offrir à l'adoration des bergers. Tableau à pans coupés et octogone.

863. Les Noces de Cana.

864. Jésus succombe sous le poids de la Croix.

865. Les saintes Femmes et Saint Jean pleurent Jésus mort, qui va être enseveli par Nicodème et Joseph d'Arimathie.

866. Travaux de la campagne pendant la vendange.

867. L'Entrée des animaux dans l'arche.

BATONI, (Cav. Pompeo) *né à Lucques en 1708, mort à Rome en 1787.* (Ecole romaine.)

Il fut élève de Gio. Domenico Brugieri, de Gio. Dom. Lombardi, et se perfectionna en étudiant les ouvrages de Raphaël.

868. La Vierge, les yeux baissés et les mains croisées sur la poitrine.

BELLIN, (Giovanni Bellini) *né en 1426, mort vers 1516; élève de Jacques Bellin, son père.*(Ecole vénitienne.)

869. Portrait de Jean et de Gentil Bellin, son

frère. Tous deux sont coiffés d'une toque; les cheveux de Jean sont noirs, et ceux de Gentil sont roux. Ce dernier était né en 1421, et mourut en 1501.

870. La Vierge porte l'Enfant Jésus dont elle a saisi le pied; à sa gauche, Saint Sébastien percé de flèches.

871. Réception d'un ambassadeur de Venise à Constantinople.

BELTRAFFIO, (GIOVANNI ANTONIO) *né en 1467, mort en 1516; élève de Léonard de Vinci.* (École milanaise.)

872. La Vierge et l'Enfant Jésus reçoivent les hommages de Girolamo Cesi qui lui est présenté par Saint Jean Baptiste, et ceux de Giacommo son fils, dont la couronne de lauriers annonce les talens poétiques. Près de lui, Saint Sébastien attaché à un arbre.

BIANCHI FERRARI, (FRANCESCO *dit* IL FRARI, *florissait en 1481, et mourut en 1510.* (École de Modène.)

873. La Vierge, assise sur un trône élevé, tient l'Enfant Jésus sur ses genoux; elle est accompagnée de Saint Benoît et de Saint Quintin qui sont debout, et de deux anges assis

sur la première marche du trône. Le fond représente une galerie ouverte sur la campagne, et soutenue par des pilastres décorés d'arabesques.

BOLOGNÈSE, (Gio Francesco Grimaldi, dit le) *né en* 1606, *mort en* 1680. (École bolonaise.)

Il fut peintre et architecte, et suivit le style des Carrache dont il était parent.

874. Paysage. Sur le devant du tableau, trois femmes à demi-nues sortent du bain.

875. Paysage sur le second plan. Un marinier paraît engager deux femmes à entrer dans sa barque.

876. Paysage. Sur le deuxième plan, une barque contenant cinq personnes. Sur le devant, trois femmes, deux enfans, et un jeune homme assis.

877. Paysage. Les figures du premier plan représentent des femmes occupées à laver du linge ou à emporter celui qu'elles ont nettoyé. Tableau attribué par quelques personnes à Annibal Carrache.

BONACCORSI, (Perino) *né à Florence en* 1500, *mort en* 1547. (École Romaine.)

On l'appela encore Pierino de Ceri ou de

Vaga, noms de ses deux premiers maîtres. Il fréquenta l'école de Ridolfo del Ghirlandajo, qu'il abandonna pour venir avec le Vaga à Rome se perfectionner sous la conduite de Raphaël.

878. Les neuf filles de Piérus, roi de Macédoine, excellaient dans la musique et la poésie; fières de leur nombre et de leurs talens, elles osèrent défier les Muses et disputer avec elles le prix de la voix; mais elles succombèrent, et furent changées en pies par Apollon. Le moment représenté est celui du défi. Apollon et Minerve, environnés des fleuves, des divinités des forêts avec les Nymphes choisies pour arbitres, président au combat.

BONIFAZIO, *né à Vérone en 1491, mort en 1543. (École vénitienne.)*

Il a été élève de Palme, selon Ridolfi, et selon Boschini, du Titien, auquel on attribue quelquefois ses ouvrages.

879. La Résurrection de Lazare.

BONINI, (Girolamo *dit* Anconitano,) *du nom d'Ancône sa patrie; fut l'élève et l'ami d'Albane. Il vivait en 1660.* (École bolonaise.)

880. Le Christ flagellé, couronné d'épines e

adoré par les anges. Sur le premier plan, Saint Sébastien et Saint Bonaventure montrent au spectateurs l'état déplorable du Messie.

BONVICINO, (Alessandro *dit* il Moretto da Brescia,) *du nom de sa patrie, élève du Titien, peignait dès l'an* 1516, *et vivait encore en* 1547. (Ecole vénitienne.)

881. Saint Bernardin de Sienne et Saint Louis, évêques de Toulouse et de Pamiers.

882. Saint Bonaventure et Saint Antoine de Padoue.

BORDONE, (Paris) *né à Trévise en* 1500 *mort en* 1570. (École vénitienne.)
Bordone fut élève du Titien, et plus encore l'imitateur de Giorgion.

883. Portrait d'un homme âgé de 27 ans, peint en 1540; il porte barbe, est vêtu d'une robe fourrée, tient une lettre de la main droite et pose la gauche sur une table.

884. Selon une ancienne tradition, ces deux portraits représentent dans son enfance Philippe II, Roi des Espagnes, et son précepteur;

tous deux portent la main sur un globe, soit pour désigner la vaste domination à laquelle ce prince était appelé, soit pour faire connaître sa grande aptitude aux mathématiques, dont l'histoire a conservé le souvenir.

885. Vertumne et Pomone. Tableau de forme ronde.

BOSELLI, (ANTONIO), *de la vallée dite Brembana, est présumé par l'historien Lanzi, être le même artiste qu'Antonio Bosello, dont on voit des ouvrages à Bergame. Il florissait dès l'année 1509, et l'on croit qu'il eut part aux peintures exécutées à Ceneda par Pomponio Amalteo da San Vito, pendant les années 1534, 1535 et 1536. (École vénitienne.)*

886. Quatre tableaux sur bois, de forme octogone; ils représentent Sainte Cécile, Sainte Agnès, Sainte Marie-Madeleine et Sainte Barbe.

BRONZINO (ANGIOLO,) Florentin.

887. Après sa résurretion, Jésus Christ apparaît à la Madeleine qui se jette à ses pied Le Sauveur lui dit : « ne me touchez pas, « car je ne suis point encore monté vers mon père. A la vue du Christ, deux Saintes femmes placées prés de la Madeleine, témoignent leur

étonnement. Dans le fond on aperçoit le Calvaire, la ville de Jérusalem, et près du Sépulcre un ange annonçant à Marie-Madeleine et à ses compagnes que Jésus est ressuscité.

BRUSASORCI, (FELICE RICCIO, *dit* IL) *né à Vérone en* 1540, *mort en* 1605, *élève de Jacopo Ligozzi.* (École vénitienne.)

888. La Vierge et Saint Joseph reçoivent les hommages de Sainte Ursule, qui présente à Jésus une colombe.

CALABRESE, (MATTIA PRETI, *dit* LE) *né à Taverna dans le royaume de Naples, en* 1613, *mort à Malte en* 1699; *élève du Guerchin.* (École napolitaine.)

889. Saint Paul et Saint Antoine, ermites.

CAMPI, (BERNARDINO) *né à Crémone en* 1522, *vivait encore en* 1590; *élève de Giulo Campi à Crémone, et d'Ippolito Costa à Mantoue.* (Ecole de Crémone.)

890. La Vierge pleure son fils mort, étendu à ses pieds.

CANALETTO, (Antonio Canal, dit) *né à Venise en 1797, mort en 1668; élève de Bernardo Canal son père.* (Ecole vénitienne.)

891. Vue de l'église et de la place Saint-Marc à Venise.

892. Vue du Palais Ducal à Venise du côté de la mer. Dans le lointain, on aperçoit la douane de mer et l'église dite *la Madonna della Salute.*

893. Vue de l'Eglise dite *la Madona della Salute* à Venise, élevée en accomplissement d'un vœu formé par le sénat pour la cessation de la peste qui ravageait Venise en 1630. La première pierre fut posée par le Doge Nicolas Contarini en 1631.

CARAVAGGIO, (Michelangiolo Amerighi ou Morigi, dit il) *né en 1569, mort en 1609 à Porto Ercole.* (Ecole romaine.)

Le Caravage doit son surnom au lieu de sa naissance qui est situé en Lombardie; il se forma sur les ouvrages du Giorgion, et devint à Rome le chef d'une école nouvelle.

894. Adolphe de Vignacourt, couvert de ses armes et suivi d'un page qui porte son casque. Il fut créé grand-maître de Malte en 1601, et gouverna cet ordre pendant 21 ans.

895. La Vierge est sur son lit funèbre. Les Apôtres sont plongés dans la tristesse; et sur le premier plan une femme assise paraît absorbée dans la plus vive douleur.

896. A la chute du jour, des musiciens italiens forment un concert en l'honneur de la Vierge, selon la coutume du pays. Ce tableau est attribué à l'un des élèves du Caravage.

897. Une jeune femme dit la bonne aventure à un jeune homme.

CARPACCIO, (VITTORE) *vivait en* 1522.
(Ecole vénitienne.)

898. S. Etienne annonce l'évangile; rempli de l'Esprit divin, et monté sur un autel consacré à l'erreur au milieu de Jérusalem, il confond, par la sagesse de ses discours, les sénateurs de la synagogue des Affranchis, les Cyrénéens, les Alexandrins, les Ciliciens et les peuples de l'Asie.

CARPACCIO (attribué à).

999. Portrait d'homme. Sa tête est couverte

d'une toque; l'inscription de la lettre qu'il tient à la main fait présumer qu'ils se nommait *Leonardo di Salla*.

900. Portrait de femme, son habit est rouge. Les lettres C. A. qui s'entrelacent, et B. I, qui se croisent et divisent en plusieurs parties le bandeau de ses cheveux, semblent indiquer les initiales de ses nom et prénoms de la main droite elle tient son collier, de la gauche ses gants.

CARRACHE, (ANNIBALE CARRACCI) *né à Bologne en* 1560, *mort à Rome en* 1609. *Disciple de Louis Carrache son cousin.* (Ecole bolonaise.)

901. Portrait d'un savant : sa tête est nue, sa barbe terminée en pointe; la main droite tient un écrit, la gauche une tête de mort.

902. Paysage. L'Ange du Seigneur arrête le bras d'Abraham prêt à immoler son fils.

903. Paysage. Joab perce de sa lance Absalon retenu par sa chevelure à un arbre : il fuyait dans la forêt d'Éphraïm après la défaite de ses troupes par celles du roi David, son père.

904. Le Père-Éternel, du sein de sa gloire, préside à la naissance de la Vierge : elle est entre

les mains des femmes, qui s'empressent de lui donner les premiers soins : sur un plan plus éloigné et plus élevé, on aperçoit Sainte Anne dans son lit, recevant les félicitations de ses parens et de ses amis.

905. L'Annonciation. La Vierge à genoux sur un prie-Dieu, la main sur la poitrine, témoigne son entière résignation. L'Ange, soutenu sur ses ailes, une tige de lys à la main, montre le Saint-Esprit et l'Eternel, dont il vient exécuter le message.

906. La Nativité : effet de jour. La hiérarchie céleste célèbre par ses cantiques la naissance de Jésus ; elle s'unit à la Vierge, à Saint Joseph et aux bergers pour l'adorer : grav. Pietro Santi Bartoli.

907. La Nativité : effet de nuit. La splendeur qui émane de Jésus éclaire l'étable qui lui sert d'asile. Les Anges célèbrent sa naissance par leurs chants, et la Vierge le présente à l'adoration des Bergers.

908. La Vierge tient sur ses genoux l'Enfant Jésus ; Saint Joseph lui soutient la main et lui donne des cerises.

909. La Vierge recommande le silence à Saint Jean, pour ne pas troubler le repos de Jésus. M. R.

910. Prédication de Saint Jean-Baptiste dans le désert.

911. Jésus mort, pleuré par les trois Maries, Nicodême et Saint Jean.

912. Le Christ repose sur les genoux de la Vierge; la Madeleine debout et appuyée sur le sépulcre, essuie avec ses cheveux les pleurs dont ses joues sont inondées. S. François d'Assise, les bras croisés sur la poitrine, considère les plaies du Christ que les Anges arrosent de leurs larmes.

913. Environné de la milice céleste, Jésus ressuscité s'élève vers le Ciel; les gardes sont saisis d'épouvante: l'un d'eux, couché sur le couvercle du monument, est encore livré au sommeil: plus loin un soldat indique au personnage qui l'accompagne que les scellés sont intacts.

914. Le même sujet avec quelques changemens.

915. La Madeleine.

916. Apparition de la Vierge, de l'Enfant Jésus et des Evangélistes à Saint Luc, peintre, et à Sainte Catherine d'Alexandrie.

917. Martyre de Saint Etienne. M. R.

918. Autre martyre de Saint Etienne. M.R.

919. S. Sébastien, attaché à un tronc d'arbre, et percé de flèches. On voit à ses pieds son armure, ses vêtemens, et dans le lointain les soldats qui retournent à Rome après l'exécution de la sentence prononcée contre lui.

920. Paysage. Un Ermite a exposé des *ex voto* auprès de l'image de Saint Antoine pour exciter la charité des passans.

921. Hercule encore enfant étouffe les serpens envoyés par Junon pour le faire mourir. Ce tableau est donné par quelques personnes à Augustin Carrache.

922. Diane découvre la faiblesse de Calysto. Le paysage est de Paul Bril.

923. Concert sur l'eau. Paysage avec fabriques. Sur le devant, une barque conduite par deux mariniers contient trois femmes et un jeune homme qui fait de la musique.

924. Les plaisirs de la Pêche.

925. Les plaisirs de la Chasse.

926. Paysage orné d'un grand nombre de figures. On remarque, sur le premier plan, des jeunes gens jouant aux dés, et plus loin des baigneurs.

CARRACHE, (Antonio Marziale) né en 1583, mort à Rome en 1618, *fils naturel et élève d'Augustin Carrache.* (Ecole bolonaise.)

927. Le Déluge. Des hommes, des femmes de différens âges, des enfans expriment la frayeur qui les agite. Les uns lèvent les bras vers le ciel, grimpent sur les arbres, gravissent les rochers; les autres gagnent un bateau presque englouti, ou se saisissent d'un cheval qui sera bientôt submergé avec eux.

CARRACHE, (Lodovico Carracci) *né à Bologne en 1555, mort en 1619, élève de Prospero Fontana à Bologne, du Tintoret à Venise, et selon quelques auteurs, du Passignano à Florence.* (Ecole bolonaise.)

928. Gabriel à genoux sur des nuages, une tige de lys à la main, indique le ciel et s'aquitte du message dont il est chargé. La Vierge à genoux sur un prie-Dieu témoigne sa résignation. Dans la partie supérieure, un chœur d'Anges célèbre par ses concerts cet heureux événement.

929. Des Anges répandent des fleurs sur Jésus qui vient de naître; la Vierge le contemple : S. Joseph soulève le voile qui le couvre pour satisfaire la curiosité des bergers qui arrivent.

930. La Vierge tenant de la main gauche l'Enfant Jésus, appuie la droite sur un livre. Tableau de forme ronde. M. R.

931. Jésus mort sur les genoux de la Vierge.

932. La Vierge, au milieu d'une gloire céleste, apparaît avec l'Enfant Jésus à S. Hyacinthe, dominicain, et semble lui adresser ces paroles qui sont écrites en latin sur la table posée près de l'autel : « Réjouis-toi, mon fils Hyacinthe, tes prières sont agréables à mon fils, et tout ce que tu lui demanderas par moi te sera accordé.

CASTIGLIONE, (Giovanni Benedetto) *né à Gênes en 1616, mort à Mantoue en 1670; il fréquenta successivement les écoles de Paggi, de Gio. Andrea Ferrari et de Van Dyck.* (Ecole génoise.)

933. Melchisedech, roi de Salem, offre du pain et du vin à Abraham, et le bénit.

934. Jacob quitte la Mésopotamie pour aller retrouver son père au pays de Chanaan. Le peintre à enrichi le devant de son tableau d'une réunion considérable d'oiseaux, d'animaux et d'ustensiles.

935. La Nativité ou l'Adoration des Bergers et des Anges.

936. Les Vendeurs chassés du Temple.

CAVEDONE, (Jacopo) *né à Sassuolo dans le Modénois en 1577, mort en 1660, élève des Carraches* (Ecole bolonaise.)

937. Sainte Cécile chante les louanges du Seigneur.

CIGOLI, (Lodovico Cardi da) *né en 1553, mort en 1613. Il fut élève de Santi di Tito, et étudia les peintures du Corrège pour se perfectionner.* (Ecole florentine.)

938. Un Ange guide la Sainte-Famille vers l'Egypte, et la Vierge donne le sein à l'Enfant Jésus.

939. Saint François en contemplation.

940. Portrait d'homme.

CIMA DA CONEGLIANO, (Gio. Batista) *vivait en 1517, élève de Jean Bellin.* (Ecole vénitienne.)

---

941. La Vierge, assise sur son trône, tient un

chapelet à la main et Jésus sur ses genoux. Le Sauveur se retourne pour recevoir les hommages de S. Jean-Baptiste; la Madeleine, en s'inclinant, présente à son divin maître un vase rempli de parfums. Le fond du paysage offre une vue de Conegliano.

COLLANTES, (FRANCESCO) *né à Madrid en 1599, mort en 1656, élève de Carducho.* (Ecole espagnole.)

942. Le Seigneur apparaît à Moïse sur le mont Horeb, dans une flamme qui sort du milieu d'un buisson, et il voit le buisson brûler sans être consumé.

CORRÈGE, (ANTONIO ALLEGRI *dit* LE) *né à Corregio dans le Modénois en 1494, mort au même lieu en 1534.* (Ecole de Parme.)

Ses maîtres sont inconnus. On sait seulement qu'il étudia avec Antonio Begarelli, sculpteur habile, dont plusieurs figures en terre cuite lui sont attribuées.

943. Assis sur les genoux de la Vierge, Jésus,

en présence de S. Sébastien, donne l'anneau nuptial à Sainte Catherine d'Alexandrie. Le supplice des deux martyrs est représenté dans le fond du tableau. M. R.

944. Le Christ couronné d'épines, un sceptre de roseau à la main.

945. Aux pieds d'Antiope endormie, l'Amour sommeille sur une peau de lion, symbole de la puissance de ce dieu. Jupiter, transformé en satyre, soulève la draperie qui couvre la nymphe et la contemple d'un œil passionné.

CORRÈGE. (*Ecole du*)

946. En présence de la Vierge, de S. Joseph et de S. Dominique, S. François d'Assise présente à Jésus les roses rouges et blanches produites en janvier, par les épines sur lesquelles il s'était roulé pour résister aux tentations de l'esprit malin.

CORREGIO, (Pomponio) *fils d'Antoine Corrége, né vers 1520, peignait encore en 1593.*

947. La Sainte-Famille.

CREDI, (Lorenzo Sciarpelloni di) *né à Florence en l'an 1453, mort après l'an 1531, élève d'Andrea del Verrochio.* (École florentine.)

948. La Vierge est assise sur un trône décoré de pilastres chargés d'ornemens : elle présente Jésus à l'adoration de S. Julien l'Hospitalier, de l'autre côté, S. Nicolas, évêque de Myre: s'occupe de la lecture des livres saints.

CRESPI, (Giuseppe Maria *dit* LO SPAGNUOLO,) *né à Bologne en 1665, mort en 1747.* (Ecole de Bologne.)

Il passa de l'école de Domenico Maria Canuti dans celle de Carlo Cignani, et se perfectionna par l'étude des ouvrages du Corrège, des Carrache et des maîtres vénitiens.

949. Pendant que des jeunes filles étudient, causent ou travaillent, la Maîtresse d'école fait lire un jeune garçon.

CRETI, (Donato) *né à Crémone en 1671, mort en 1749; élève de Lorenzo Pasinelli* (Ecole bolonaise.)

950. Un Enfant, couché sur un lit, tient un fruit que le sommeil n'a pu lui faire abandonner.

DANIEL DE VOLTERRE, (Daniele Ricciarelli dit) mort à Rome en 1566, élève du Sodoma et de Peruzzi. (Ecole florentine.)

951. D'un coup de pierre lancée avec sa fronde, David a terrassé Goliath. Il se jette sur lui, s'empare de son épée et achève de lui ôter la vie. Cette composition, peinte sous deux aspects différens sur les deux côtés d'une ardoise, fut présentée à Louis XIV comme un ouvrage de Michel-Ange, par le prince de Cellamarre, ambassadeur d'Espagne, au nom de son frère monsignor del Giudice, alors clerc de la chambre apostolique. L'hommage dut paraître d'autant plus précieux, que les amateurs instruits reconnaissent souvent dans les tableaux à l'huile attribués à Michel-Ange, son goût de composition et de dessin, mais n'y retrouvent pas son pinceau avec la même certitude. Ils ne pouvaient oublier la répugnance que cet homme singulier avait pour la peinture à l'huile, et ils ne tardèrent pas à restituer ce double tableau à Daniel de Volterre, en appuyant leur décision du témoignage de Vasari, auteur contemporain. En effet, cet historien rapporte que monsignor Gio della Casa, prélat florentin, célèbre par ses ouvrages, désirant écrire un traité sur la peinture, vou-

lut auparavant connaître toutes les ressources de cet art; il engagea Daniel à modeler en terre le groupe de David terrassant Goliath, puis à représenter en peinture les deux faces opposées du modèle qui servit à former le tableau double. A la mort de monsignor della Casa, cet ouvrage passa entre les mains de M. Annibal Rucellai, son neveu. De nouveaux possesseurs l'attribuèrent depuis à Michel-Ange pour en rehausser le prix. Les deux faces ont été gravées par B. Audran en 1716 et 1717.

DOLCI, (AGNESE) *morte après l'année 1686, a multiplié avec succès les ouvrages de Carlo Dolci, son père.* (Ecole florentine.)

952. Jésus, devant un calice, tient un pain et semble prononcer les paroles de la consécration.

DOMINIQUIN, (DOMENICO ZAMPIERI *dit* LE) *né à Bologne en 1581, mort en 1641.* (école bolonaise.)

Il passa de l'école de Denis Calvart, peintre flamand, dans celle des Carrache.

953. Le Seigneur reproche à Adam sa désobéissance.

954. Le Prophète Roi joue de la harpe en por-

tant ses regards vers le ciel ; un ange lui présente la Sainte Ecriture : elle lui inspire les louanges du Seigneur, qu'un jeune enfant s'occupe à transcrire. M. R.

955. La Vierge, assise près d'une source, reçoit de l'eau dans une coquille : son fils donne un fruit au jeune précurseur, et Saint Joseph prend soin du bagage.

956. Paysage dans lequel le peintre a représenté, avec la fuite de la Sainte-Famille en Egypte, une barque, des musiciens, des pêcheurs, un berger et son troupeau. Ce tableau, jusqu'à présent attribué au Dominiquin, est donné par plusieurs connaisseurs à Annibal Carrache.

957. Le Ravissement de Saint Paul : sujet tiré de la deuxième épitre aux Corinthiens, où l'apôtre dit qu'il connaît un homme qui fut ravi jusqu'au troisième ciel. Il ne sait si ce fut avec son corps ou sans son corps ; mais il sait que cet homme ravi dans le paradis y entendit des paroles ineffables qu'il n'est pas permis à un homme de rapporter.

958. La Vierge, environnée de gloire, apparaît à S. François d'Assise et lui confie l'Enfant Jésus : le saint agenouillé reçoit avec respect ses caresses.

959. Sainte Cécile chante les louanges du Seigneur : un ange tient devant elle un livre de musique. M. R.

960. Accompagné du jeune Ascagne, Enée a mis sur ses épaules son père Anchise. Le vieillard reçoit les dieux pénates sauvés de l'incendie de Troie, qui lui sont présentés par Creüse, épouse du pieux Enée. M. R.

961. En présence d'Œnée, Roi de Calydon, et père de Déjanire, Hercule a terrassé Achéloüs, qui, pour se dérober à la fureur de son rival, s'est métamorphosé en taureau.

962. En vain Cacus, pour cacher ses rapines, a fait entrer à reculons les bœufs d'Hercule dans sa caverne. Ce demi-dieu l'a déjà atteint, et l'entraîne par le pied hors de son repaire. Evandre et Faunus, qui volaient au secours du fils de Jupiter, sont les témoins de son triomphe.

963. Pendant le pillage de la ville de Thèbes, en Béotie, des soldats thraciens amenèrent Thimoclée devant Alexandre; elle avait lapidé leur capitaine, qui, après l'avoir outragée, était imprudemment descendu dans un puits par l'espoir d'y trouver des trésors. Alexandre, étonné de la contenance et du courage de Thimoclée, ordonne qu'elle soit mise en liberté avec ses enfans.

964. L'Amour, assis sur son char, tient de la main droite son arc, et guide avec l'autre deux colombes attelées; près de lui un enfant aîlé répand des fleurs, un second en cueille à une couronne qui entoure la figure principale; les fleurs ont été peintes par Mario de' Fiori selon les uns, par le Jésuite d'Anvers selon les autres.

965. Toute entière à sa passion, Armide se pare pour plaire à l'objet de ses amours. Cependant, aux pieds de Renaud, un Amour endormi, un flambeau prêt à s'éteindre, font présager la fin de l'enchantement. Ubalde et le chevalier Danois, écartant le feuillage, n'attendent que l'instant propice pour dessiller les yeux du guerrier.

966. Paysage. Les figures représentent l'arrivée d'Herminie chez le berger.

DOSSI DOSSO, *mort en 1560; élève de Lorenzo Costa.* (Ecole ferraraise.)

967. La Circoncision. Jésus dans les bras de Sainte Anne, paraît effrayé à la vue de l'instrument tranchant qui est dans les mains du grand-prêtre.

968. La Vierge, Saint Joseph, deux Anges et Saint Joachim adorent l'Enfant Jésus couché à terre sur une draperie.

969. Saint Joseph contemple avec attention l'Enfant Jésus qui caresse la Vierge Marie.

ÉCOLE ITALIENNE.

970. Judith tient la tête d'Holoferne, et médite avec sa suivante son retour à Béthulie. Ce tableau est attribué à Manfredi.

971. « Pendant que Pierre était gardé dans la
» prison, l'Ange du Seigneur parut et remplit
» le lieu de lumière ; et, poussant Pierre par
» le côté, il l'éveilla et lui dit : Levez-vous
» promptement. Au même instant les chaînes
» tombèrent de ses mains, etc. » (*Acte des Apôtres.*) Tableau attribué à l'un des élèves du Caravage; il est aussi donné par quelques personnes à Valentin.

972. Saint Pierre a renié son maître devant la servante du Grand-Prêtre ; un soldat le reconnaît, le menace, et porte la main sur son épée. Tableau de l'école du Calabrèse selon les uns, de celle de Valentin selon les autres ; enfin donné par quelques personnes à Manfredi.

973. Des Anges servent des fruits à Jésus et à la Sainte-Famille. Ce tableau, gravé sous le

nom d'Andrea Luigi d'Assisi, est attribué dans les anciens inventaires du Roi à Andrea Azio, mot corrompu et pris pour Assisi.

Quelques personnes le donnent à M. A. Anselmi, et d'autres à un peintre de l'école de Perino del Vaga. Enfin M. Mariette l'attribuait au Garofolo.

974. Portrait d'une femme dont le costume désigne une habitante de la Sabine. Elle tient un panier rempli de fleurs.

975. Portrait de Michel Ange.

ÉCOLE VÉNITIENNE.

976. Tête d'Homme de moyen âge, portant barbe.

977. Portrait de César Borgia, second fils naturel du pape Alexandre IV. Ce tableau est donné par des connaisseurs au Giorgion.

978. Trois Prophètes ; celui du milieu paraît être Isaïe. Il tient une banderolle sur laquelle on lit en latin ce premier verset du chapitre XI du prophète : « Il sortira un rejeton de la » tige de Jessé, et une fleur naîtra de sa ra- » cine. »

979. Portrait d'un Vieillard. La tête est couverte d'une toque, et la couleur de la barbe tire sur le roux.

980. Portrait d'un personnage dont la tête, vue de trois quarts, est couverte d'une toque. Il porte la main droite à son habit, et tient des gants dans la main gauche.

EMPOLI, (JACOPO CHIMENTI DA) *né en* 1554, *mort en* 1640. (Ecole florentine.)

Il fut élève de Tommaso da San Friano, et se perfectionna en étudiant les ouvrages d'Andrea del Sarto.

981. La Vierge et l'Enfant Jésus, accompagnés de deux Anges, apparaissent à l'Evangéliste Saint Luc et à Saint Yves, patron des avocats

---

ESPAGNOLET, (JOSEF *ou* JUSEPE DE RIBERA *dit* L') *né en* 1588, *mort en* 1656. (Ecole espagnole.)

L'Espagnolet était natif de Xavita, nommé aujourd'hui Saint-Felipe, près de Valence; il étudia en Espagne sous Francisco Ribalta, à Rome sous M. A. de Caravage.

982. L'Adoration des Bergers : un agneau, emblême de Jésus-Christ, est déposé sous la crèche du Sauveur. Le tableau porte cette signa-

ture : *Jusepe Ribera; espagnol academico romano*, f. 1650.

FABRIANO, (Gentile da) *vivait en* 1425, *et mourut octogénaire.* (Ecole romaine.)

983. Sous le péristyle du Temple de Jérusalem, le bienheureux Siméon, accompagné de la prophétesse Anne, a reçu dans ses bras le divin enfant et béni le Seigneur. Il le rend à sa mère venue pour accomplir ce qui est ordonné par la loi. Elle est suivie de S. Joseph apportant deux jeunes colombes.

FASSOLO da PAVIA, (Bernardino) *vivait en* 1518. (Ecole milanaise.)

984. La Vierge assise sur son trône tient son fils dans ses bras. Ce tableau porte le nom du maître avec la date de 1518.

FERRARI, (Gaudenzio) *né en* 1484 *à Valdugia, vallée de la Sesia, mort en* 1550 (Ecole milanaise.)

On lui donne plusieurs maîtres: les plus connus sont le Pérugin et Bernardino da Lovino.

985. S. Paul, assis dans sa cellule, se livre à la méditation. Un livre est ouvert devant lui sur un pupitre. Au milieu d'un paysage, que le vide de la fenêtre permet d'apercevoir, le peintre a représenté la miraculeuse conversion de l'Apôtre des Gentils. Au bas du pupitre on lit l'année de l'exécution du tableau, 1543, et le nom latinisé de l'auteur *Gaudentius*.

FETI, (Domenico) *né à Rome en 1589, mort en 1624, élève du Cigoli.* (Ecole romaine.)

986. L'Empereur Néron.

987. L'Ange Gardien conduit un jeune homme, lui montre le ciel et le préserve des embûches de l'esprit des ténèbres, qui va rentrer dans le gouffre infernal.

988. La Mélancolie. Une femme à genoux, le bras droit appuyé sur un massif de pierre, soutient sa tête de la main gauche, et considère attentivement une tête de mort. A ses pieds différens attributs des sciences et des arts auprès d'un chien à l'attache. Feti a répété plusieurs fois cette composition.

989. La Vie champêtre ou l'Homme condamné au travail.

FIESOLE, (Fra Giovanni da) *né vers l'an 1387.* (Ecole florentine.)

Son nom était Santi Tosini, avant qu'il entrât dans l'ordre de S. Dominique. La pureté de sa conduite lui fit donner le titre de Beato Giovanni Angelico ; l'expression de la candeur qu'il sut si bien imprimer aux bienheureux dont il retraçait l'image, fit dire qu'il avait vu ses modèles dans le paradis. Il a été le contemporain de Masaccio et de Gentile da Fabriano, et non leur élève, si toutefois les dates de leur naissance sont certaines. Il travaillait encore en 1457 pour la cathédrale d'Orvieto.

990. En présence de la hiérarchie céleste, la Vierge, prosternée aux pieds de Jésus-Christ, reçoit de son fils la couronne immortelle. Pour désigner avec précision les élus représentés, Fra Giovanni, selon la coutume du tems, a écrit le nom des uns autour de l'auréole ou sur les bords de l'habit, et donné aux autres les symboles qui servent à les faire reconnaître.

Les sept petits tableaux placés au-dessous du tableau principal, offrent plusieurs traits de la vie de S. Dominique.

1°. La Vision du Pape Innocent III. Pendant son sommeil, S. Dominique lui apparaît soutenant de toutes ses forces l'Eglise de S.-Jean-de-Latran à Rome, près de s'écrouler.

2°. S. Dominique ayant obtenu en 1216 la confirmation de l'ordre des frères prêcheurs, faisait sa prière dans l'église de Saint-Pierre à Rome, lorsqu'il vit venir à lui S. Pierre et S. Paul; le premier lui donnait un bâton, le deuxième un livre, en lui disant : « Vas prêcher; Dieu t'a choisi pour ce ministère. » Le fond représente l'intérieur de l'ancienne basilique de Saint-Pierre.

3°. Le neveu du cardinal Etienne de Fosse-Neuve, se promenant dans Rome, à cheval, tomba rudement sur le pavé et se tua; mais Saint Dominique, à la prière du cardinal et de Tancrède, frère prêcheur, le ressuscita.

4°. La Vierge et Saint Jean assis près des instrumens de la passion et du tombeau qui renfermait le corps de Jésus avant sa résurrection.

5°. Les Albigeois ayant jeté au feu l'ouvrage de Saint Dominique où il réfutait leurs erreurs, le livre en sortit de lui-même à trois fois sans être endommagé.

6°. Au rapport des légendaires, Saint Dominique n'ayant point de quoi nourrir ses disciples, les faisait cependant asseoir à table, et les anges leur apportaient en abondance la nourriture nécessaire.

7°. Avant de mourir, Saint Dominique aperçoit dans une vision la Vierge entourée d'Anges, qui attendaient son âme pour la guider vers son Créateur.

FRA BARTOMMEO (DELLA PORTA OU IL FRATE,) né à Florence en 1469, mort en 1517. (Ecole florentine.)

Avant son entrée dans l'ordre de Saint Dominique, il était connu sous le nom de Baccio della Porta; il fut élève de Cosimo Rosselli, étudia les ouvrages de Léonard de Vinci, et se lia d'amitié avec Mariotto Albertinelli. En 1504, il fit la connaissance de Raphaël, et contribua par ses conseils au développement des talens de ce grand peintre.

991. La Vierge assise sur son trône, accompagnée de Saint Pierre, de Saint Barthélemy, de Saint Vincent, préside au mariage mystique de Sainte Catherine de Sienne avec l'Enfant Jésus. Près de la Vierge, Saint François

et Saint Dominique s'embrassent en témoignage de l'affection qui les unit.

992. Saint Jean-Baptiste, la Madeleine, Saint François, Saint Jérôme, Saint Paul et Sainte Marguerite offrent leurs hommages à la Vierge qui est assise sur son trône. Gabriel apparaît dans les airs; il tient en main une branche de lis, et vient annoncer à Marie qu'elle deviendra mère du fils de Dieu par l'opération du Saint-Esprit. Ce tableau porte la date de 1515.

GAROFOLO, (BENVENUTO TISIO DA) *né en* 1481, *mort en* 1559. (Ecole ferraraise.)

Ce peintre, moins connu par son nom que par celui de sa patrie, Garofolo dans le Ferrarais, passa successivement dans les écoles de Domenico Panetti, à Ferrare; de Niccolo Soriani et de Boccacio Boccacino, à Crémone; de Gio. Baldini, Florentin, à Rome; de Lorenzo Costa, à Mantoue, et finit par se perfectionner sous Raphaël, qui l'employa pendant quelque temps. Ce changement répété d'écoles influa nécessairement sur les productions du Garofolo, qui, à raison de leur variété, sont attribuées souvent à différens maîtres.

993. Portrait du Garofolo. Il tient de la main

droite un œillet (en italien garofano) marque qu'il mettait souvent dans ses tableaux pour désigner le lieu de sa naissance.

994. Autre portrait du Garofolo, mais plus âgé. Il tient un œillet et un chapelet.

995. Sainte Elisabeth et Saint Jean amènent un agneau, que Saint Joseph à genoux présente à la Vierge et à l'Enfant Jésus.

996. Saint Joseph prend les mains de Jésus assis sur les genoux de sa mère. Sainte Elisabeth et Saint Jean viennent lui faire hommage d'un agneau.

997. Sujet mystique. Jésus s'abandonne au sommeil; la Vierge l'adore, un ange lui offre le suaire et la couronne d'épines ; portée sur des nuages, la hiérarchie céleste présente aux spectateurs les instrumens de la passion.

998. La Vierge couvre d'un voile l'Enfant Jésus endormi.

GASPRE, (GASPARO DUGHET) *né en* 1613, *mort en* 1675; *élève du Poussin.* (Ecole romaine.)

999. Paysage. Sur le bord d'un fleuve, trois voya-

geurs se reposent; l'un d'eux s'appuie sur un lévrier.

1000. Paysage. Chasseur suivi de deux lévriers; il cause avec deux voyageurs qui se reposent.

1001. Paysage. Des villageois se reposent; plus loin, des bergers conduisent leurs troupeaux sur les bords d'un torrent.

1002. Un Paysage.

GENNARI, (BENEDETTO DE CENTO).
1003. La Vierge allaitant l'enfant Jésus.

GENTILESCHI, (ORAZIO LOMI *dit*) *né à Pise en* 1563, *mort en Angleterre vers* 1646. (Ecole florentine.)

1004. La Vierge donne le sein à l'Enfant Jésus et Saint Joseph dort profondément.

GHIRLANDAJO, (RIDOLFO CORRADI *del*) *né à Florence en* 1485, *morten* 1560. (Ecole florentine.)

Il reçut les premiers élémens de l'art de David Corradi son oncle, se perfectionna sous

Fra Bartolommeo della Porta, mérita l'amitié et les conseils de Raphaël.

1005. La Vierge prosternée aux pieds de son Fils, reçoit avec humilité la couronne immortelle, en présence de la hiérarchie céleste ; sur le premier plan, le peintre a représenté Saint Pierre, dominicain et martyr, Saint Jean-Baptiste, Saint Jérôme, la Madeleine, Saint François d'Assise et Saint Dominique. La date 1504, mise au bas du tableau, indique que Ridolfo avait 19 ans quand il exécuta cet ouvrage.

GIORDIANO, (Luca) *né à Naples en 1632, mort en 1705.* (École napolitaine.)

Il passa de l'école de l'Espagnolet dans celle de Pietre de Cortone.

1006. La présentation de Jésus au Temple.

1007. Accompagné de la Vierge, de Saint Joseph et d'un ange, Jésus, se soumettant, pour le salut des hommes, à l'ignominie et à la mort, accepte les instrumens de la passion qui lui sont présentés par les anges. Du centre de sa gloire, l'Eternel le contemple, et l'Esprit-Saint l'environne de sa splendeur divine.

1008. Mars et Vénus servis par les Grâces et les Amours; dans le lointain, Vulcain occupé des travaux de sa forge.

GIORGION, (GIORGIO BARBARELLI, *dit* LE) *né à Castel Franco en* 1477, *mort en* 1511; *élève de Jean Bellin.* (Ecole vénitienne.)

1009. Salomé, fille d'Hérodiade, reçoit la tête de S. Jean-Baptiste qu'un bourreau lui présente; dans le lointain, un soldat montre la tête du saint qu'il vient de décapiter.

1010. *Ex voto.* Jésus, assis sur les genoux de sa mère, accompagné de Saint Joseph, de Sainte Catherine, de Saint Sébastien, écoute avec bonté les prières d'un homme présumé le donateur du tableau, et dont on ne voit que le buste.

1011. Concert champêtre. Une femme nue et assise tient une flûte: les deux hommes qui l'accompagnent sont habillés selon la mode du tems; l'un joue de la guitare, l'autre est simple spectateur; à la droite du tableau, une femme, la main appuyée sur le bord d'un réservoir en pierre, répand l'eau que renferme un vase de cristal.

1012. Gaston de Foix, duc de Nemours, assis

dans un lieu orné de glaces qui réfléchissent son portrait.

GOBBO DE'CARRACCI, (Pietro - Paolo Bonzi, *dit* il), *mort sexagénaire sous le Pontificat d'Urbain VIII ; élève d'Annibal Carrache.* (Ecole bolonaise.)

1013. Latone, voulant se dérober aux persécutions de Junon, s'était arrêtée avec ses enfans, Diane et Apollon, sur les bords d'un marais où travaillaient des paysans. Elle leur demanda pour se rafraîchir un peu d'eau qu'ils lui refusèrent. Latone, pour les punir, les métamorphosa en grenouilles.

GUERCHIN, (Gio. Francesco Barbieri, *dit* le) *né à Cento en* 1590, *mort en* 1666 ; *élève de Cremonini et de Benedetto.* (Ecole bolonaise.)

1014. Portrait du Guerchin, peint par lui-même.

1015. Loth, assis sur la montagne au milieu de ses deux filles, vide à longs traits la coupe que la cadette s'empresse de remplir. Près de la ville de Sodome livrée aux flammes, on aperçoit la femme de Loth changée en statue de sel.

1016. Jésus debout et tenu par la Vierge, donne sa bénédiction aux spectateurs.

1017. A la prière de Marthe et de Marie, Lazare est ressuscité en présence des Disciples de Jésus, qui ordonne aux Juifs d'ôter les liens du cercueil.

1018. La Vierge assise, les mains posées sur ses genoux, est immobile de douleur; Saint Pierre, en essuyant ses larmes, témoigne son trouble et son repentir.

1019. Saint Pierre en prières tient une clef et un livre à la main.

1020. Saint Paul avec un glaive, emblême de son éloquence et l'instrument de son martyre.

1021. Salomé reçoit dans un bassin la tête de Saint Jean-Baptiste, que le bourreau vient de décapiter.

1022. Saint Jérôme, retiré dans le monastère qu'il avait fondé avec Saint Paul à Béthléem, tourmenté de la terreur du jugement dernier, croit entendre le son de la trompette ordonnant aux morts de se lever et de paraître devant le souverain juge.

1023. A droite du spectateur, Saint Bernard vêtu de blanc, tenant un livre et le bâton pastoral à la main, écoute avec tranquillité les sons harmonieux de la musique céleste qui ravit en extase Saint François d'Assise.

1024. Saint Géminien, coîffé d'une mitre et revêtu d'habits pontificaux, reçoit d'un ange le modèle de la ville de Modène qu'il va, comme protecteur de la cité, présenter à la bénédiction de Jésus. Le divin enfant porté par sa mère apparaît dans les airs accompagné de deux anges : sur les premiers plans, on voit Saint Jean-Baptiste à genoux, Saint Georges et Saint Pierre, martyrs, debout, l'un couvert de ses armes, l'autre vêtu en religieux dominicain.

1025. Par les conseils d'Hersilie, les Sabines, dont l'enlèvement avait causé la guerre entre les Romains et les Sabins, oubliant la timidité naturelle à leur sexe, s'avancent au milieu des combattans, et se tournant tantôt vers leurs pères, tantôt vers leurs maris, elles tiennent des discours si touchans, qu'elles leur font tomber les armes des mains, et obtiennent une trêve qui bientôt est consolidée par un traité solennel entre les deux peuples.

1026. La Magicienne Circé.

GUERCHIN. (Ecole du)

1027. S. Jean dans le désert. Il tient de la main gauche une croix formée d'un roseau, et de la main droite une coupe dans laquelle il reçoit l'eau qui jaillit d'un rocher.

GUIDO CAGNACCI, *né à Castel-Sant-Arcangelo en* 1601, *mort en* 1681. *Son nom de famille était* CANLASSI; *il fut élève du Guide.* (Ecole bolonaise.)

1028. Saint Jean vêtu de peau, assis et appuyé sur un rocher, tient de la main droite une croix de roseau, et caresse un mouton dont un pied pose sur le bras gauche du saint.

GUIDO, (RENI) *né à Bologne en* 1575, *mort en* 1642. *Il passa de l'école de Denis Calvart dans celle des Carrache.* (Ecole bolonaise.)

1029. David appuyé sur le fût d'une colonne tient sa fronde de la main droite, de la gauche la tête de Goliath posée sur un piédestal.

1030. La Salutation angélique.

1031. La Vierge tient sur ses genoux l'Enfant Jésus endormi. Tableau de forme ronde.

1032. Repos de la Sainte-Famille; Jésus tend les bras à sa mère.

1033. L'enfant Jésus assis sur sa mère donne la bénédiction à Saint Jean-Baptiste, qui lui baise le pied.

1034. Jésus et la Samaritaine.

1035. En présence de ses Disciples, Jésus dit à Saint Pierre : « Je vous donnerai les clefs du

» royaume des cieux, et tout ce que vous
» lierez sur la terre, sera aussi lié dans les
» cieux, etc. »

1056. La tête de Jésus-Christ couronnée d'épines.

1037. La Vierge, à genoux devant l'autel et accompagnée de ses parens, a remis son fils au Grand-Prêtre; les mains jointes, elle écoute avec recueillement le saint vieillard qui présente l'Enfant Jésus au Seigneur. Sur le devant, une jeune fille fait l'offrande de deux colombes, ordonnée par la loi. Au côté opposé, un jeune garçon agace avec le doigt deux tourtereaux déposés sur une table.

1038. La Vierge, Saint Joseph et deux Anges contemplent Jésus qui dort profondément. Près d'eux Sainte Élisabeth témoigne sa tendresse à Saint Jean-Baptiste, et Zacharie médite sur l'Écriture-Sainte. Tableau de forme ovale.

1039. Jésus étant arrivé à la montagne des Oliviers, se met à genoux et fait sa prière. Les Anges lui présentent les instrumens de la passion, et les Apôtres dorment. On aperçoit dans le lointain Judas qui va livrer son maître aux Princes des Prêtres, aux Capitaines des gardes du Temple et aux Sénateurs qui étaient venus pour le prendre.

1040. La Madeleine, les yeux tournés vers le ciel et les mains posées sur la poitrine.

1041. La Madeleine, les cheveux épars, les mains jointes, en oraison dans sa grotte.

1042. S. Jean-Baptiste dans le désert.

1043. S. Sébastien attaché à un arbre et percé de flèches.

1044. S. François, à genoux devant un Crucifix tient une tête de mort, et implore la clémence divine. M. R.

1045. Allégorie. L'union du Dessin et de la Couleur.

1046. Par ordre d'Eurysthée, Roi de Mycènes, Hercule tue l'hydre ou serpent à sept têtes, qui infestait le voisinage du lac de Lerne. M. R.

1047. Lutte d'Hercule et d'Acheloüs, tous deux amoureux de la belle Déjanire. Œnée, Roi d'Etolie, son père, l'avait promise pour épouse au vainqueur. M. R.

1048. Hercule victorieux retournait avec Déjanire qu'il avait épousée ; il la confie à Nessus pour la transporter au-delà du fleuve Evène, qui était débordé. Le Centaure, devenu amoureux de la princesse, veut l'enlever ; mais Hercule, de la rive opposée, lui décoche une flèche qui le blesse mortellement. M. R.

1049. Nessus, avant d'expirer, avait fait présent à Déjanire d'une robe teinte dans son sang, en l'assurant que ce vêtement serait un préservatif contre l'infidélité de son époux. Hercule étant devenu amoureux d'Iole, Déjanire lui envoya ce funeste présent qu'il reçut au moment où il allait sacrifier à Jupiter sur le mont Œta. Il est à peine revêtu de cette robe, qu'un feu dévorant se glisse dans ses veines; il ne peut résister à la douleur, et se jette sur le bûcher qu'il avait préparé. M. R.

1050. Pâris, oubliant les devoirs de l'hospitalité, parvint à plaire à la belle Hélène, femme de Ménélas, et s'enfuit avec elle à Troie où régnait Priam, son père. M. R.

JOSEPIN, (GIUSEPPE CESARI *dit*) *né à Arpino, mort octogénaire en 1640; élève de son père et de Giacomo Rocca. (Ecole napolitaine.)*

1051. Adam et Ève chassés du Paradis terrestre.

1052. Diane et Actéon.

JULES ROMAIN, (Giulio Pippi *dit*) *né à Rome en 1492, mort en 1546; élève de Raphaël* (Ecole romaine.)

1053. Portrait de Jules Romain peint par lui-même.

1054. Les Bergers, la Vierge, S. Joseph adorent Jésus qui vient de naître. Sur le premier plan S. Jean l'Évangéliste, S. Longin, armé de sa lance. A travers l'ouverture de la cabane, on aperçoit les Anges qui avertissent les Berger de la naissance du Messie.

1055. La Circoncision. Tableau donné par quelques personnes à Bartolommeo Ramenghi, dit il Bagnacavallo, émule de Jules Romain dans l'école de Raphaël, et qui mourut en 1542. Le portrait de Bagnacavallo, que l'on croit reconnaître dans l'homme placé à la droite du spectateur, près de la bordure du tableau, sert de fondement à cette opinion.

1056. La Vierge, Jésus et S. Jean.

1057. La Victoire couronne Titus et Vespasien, vainqueurs de la Judée. Les Empereurs sont assis sur le même char, tirés par quatre chevaux roux et blancs qui sont conduits par deux écuyers. Une femme juive qu'un officier romain tient par les cheveux, et le chandelier à sept branches enlevé du temple de Jérusalem indiquent le sujet de ce triomphe.

1058 Vulcain fournit des traits à Vénus dont elle remplit le carquois de l'Amour.

LANFRANC, (GIOVANNI LANFRANCO) *né à Parme en* 1581, *mort en* 1647; *élève des Carrache.* (Ecole de Parme.)

1059. L'Ange du Seigneur calme le désespoir d'Agar, et lui découvre une source d'eau pour désaltérer son fils Ismaël, expirant dans la solitude de Bertsabée.

1060. S. Pierre, les mains jointes et les yeux tournés vers le ciel.

1061. S. Pierre et S. Paul sont entraînés hors des murs de Rome. Le premier, conduit vers le mont Janicule pour y être crucifié, se retourne et reçoit les derniers adieux de S. Paul que les soldats mènent vers les eaux Salviennes pour être décapité. M. R.

1062. S. Augustin et S. Guillaume invoquent à genoux la Vierge couronnée par son fils au milieu de la hiérarchie céleste.

LAURI, (FILIPPO) *né à Rome en* 1623, *mort en* 1694; *élève de Caroselli.* (Ecole romaine.)

1063. S. François malade, disent les légendaires,

espérait que la musique pourrait le divertir de ses douleurs; mais il n'osait en demander par esprit de mortification. Bientôt un chœur d'esprits célestes se fait entendre, et les sons harmonieux de leur luth le ravissent en extase.

LÉONARD DE VINCI, *né en* 1452, *mort en* 1519 *à Amboise.* (Ecole florentine.)

Il fut élève d'Andrea del Verrocchio, qu'il surpassa en peu de temps; fonda à Milan une nouvelle école dont les commencemens paraissent remonter à 1482, et vint en France en 1518. Trop affaibli par ses long travaux, il ne vécut point assez pour y donner aux arts une direction nouvelle.

1064. Portrait de Charles VIII, roi de France mort en 1497. Ce tableau a été long-tems attribué au Pérugin.

1065. Portrait d'une femme inconnue, et présumé celui de Lucrèce Crivelli. Elle est vêtue d'une robe rouge ornée de broderies. La tête est vue de trois quarts; les cheveux sont lisses, le front est ceint d'une ganse noire retenue par un diamant.

1066. Portrait de Monna Lisa, célèbre par sa beauté, et femme de Francesco del Giocondo, gentilhomme florentin. François Ier., acheta ce tableau 4,000 écus d'or, somme dont la valeur surpasserait aujourd'hui celle de 45,000 fr. Le fond du tableau représente un paysage.

1067. Jean-Baptiste tient une croix d'une main et de l'autre montre le ciel.

1068. La Vierge, assise sur les genoux de Sainte Anne, soutient l'Enfant Jésus qui caresse un agneau.

1069. L'Enfant Jésus assis et soutenu par un Ange donne la bénédiction à S. Jean qui lui est présenté par la Vierge.

1070. L'Archange S. Michel présente à l'Enfant Jésus la balance destinée à peser les bonnes et les mauvaises actions des hommes. Il est assis sur sa mère, et tous deux se retournent pour regarder Sainte Elisabeth et S. Jean qui jouent avec un mouton.

1071. Jésus, assis sur un coussin et assisté de sa mère, reçoit la croix de jonc que S. Jean-Baptiste lui présente. Tableau attribué à l'école de Léonard.

LÉONARD DE VINCI. (école de)

1072. Des Anges apportent les objets nécessaires pour coucher l'Enfant Jésus endormi dans les bras de sa mère.

LIPPI, (Fra Filippo) *né vers l'an* 1400 *à Florence, mort à Spolette en* 1469. (École florentine.)

Ayant perdu son père et sa mère dès sa plus tendre enfance, il fut placé chez les carmes de Florence, où il étudia les ouvrages de Masaccio. On ne lui connaît point d'autres maîtres.

1073. La Vierge debout présente son fils à l'adoration de deux saints Abbés. Ils sont à genoux, revêtus d'habits sacerdotaux, et tiennent à la main une crosse, marque de leur dignité. Des Anges accompagnent la Mère du Sauveur, et portent des tiges de lys, emblêmes mystiques de la mission de Gabriel. On croit reconnaître le peintre dans le portrait du religieux carme placé au-dessus de l'enceinte du trône et sous l'aile de l'Ange qui est à la gauche du spectateur.

LOTTO, (Lorenzo) *bergamasque, mort vieux à Lorette; élève de Jean Bellin.* (École vénitienne.)

1074. La Femme adultère amenée devant Jésus.

LUCATELLI *ou* LOCATELLI, (Andrea) *romain; élève de Paolo Anesi, mort à Rome en* 1741.

1075. Des Pâtres se reposent, et le troupeau erre

en liberté sur les bords d'un ruisseau qui arrose et divise le paysage en deux parties.

LUINI ou **LOVINI DA LUINO** *vivait encore en 1530 ; imitateur de Léonard de Vinci.* (Ecole milanaise.)

1076. Jésus, debout passe le bras gauche autour du cou de sa mère qui le soutient. S. Joseph, appuyé sur un bâton et placé derrière la Vierge, les considère avec attention.

LUTI, (BENEDETTO) *né à Florence en 1666, mort en 1724, a été élève d'Antonio Domenico Gabbiani.* (Ecole florentine.)

1077. La Madeleine, visitée dans sa grotte par les Anges, tient un crucifix dans ses mains.

1178. La Madeleine, plongée dans la méditation, considère une tête de mort qu'elle tient à la main. Demi-figure.

MANFREDI, (BARTOLOMMEO) *natif de Mantoue, mourut à la fleur de son âge, sous le pontificat de Paul V.* (Ecole romaine.)

Il entra d'abord chez Cristofano Roncalli delle Pomarance, et perfectionna ses talens en étudiant les ouvrages de M. A. de Caravage.

1079. Assemblée de Buveurs. A la gauche du spectateur, un jeune homme joue du théorbe. Vers la droite, un échanson remplit la coupe de l'un des convives. Dans le fond, deux domestiques; l'un boit, l'autre mange des macaronis.

1080. Une Femme assise se fait dire la bonne aventure par deux Egyptiennes, et montre sa main à la plus jeune. Cette dernière, trop occupée de son métier, ne voit point un cavalier placé derrière elle, qui montre avec une intention maligne la tête d'un oiseau mort.

MANTEGNA, (ANDREA) *né à Padoue en* 1430, *mort en* 1506; *élève de Squarcione.* (Ecole de Mantoue.)

1081. Sur le sommet du Calvaire, Jésus a été crucifié entre deux larrons, et les soldats qui le gardent tirent aux dés ses vêtemens; près de là S. Jean témoigne l'excès de sa douleur; plus loin, la Vierge accompagnée des saintes Femmes verse des pleurs sur la mort de son fils. L'on prétend que Mantegna s'est représenté sous la figure du soldat qui est vu à mi-corps sur le premier plan, le casque en tête et la lance à la main.

1082. La Vierge, assise sur un trône, tient l'Enfant Jésus debout sur ses genoux. Elle est accompagnée de S. Michel, de S. Maurice, de S. Longin et de S. André, protecteurs de Mantoue. A droite, Sainte Elisabeth et S. Jean-Baptiste. A gauche, le marquis de Mantoue, Jean-François de Gonzague, qui rend grâce du prétendu succès obtenu sur Charles VIII, à la bataille de Fornoue, près les bords du Taro, en 1495.

1083. Le Parnasse, composition allégorique. Vers la gauche, Apollon assis fait danser les Muses aux sons mélodieux de sa lyre; à droite Mercure retient Pégase au pied de l'Hélicon, d'où jaillissent les eaux de l'Hippocrène. Sur un rocher percé, à travers lequel on aperçoit une riche campagne, le peintre a placé Mars et Vénus. L'Amour, qui les accompagne, souffle les traits qui excitent la jalousie de Vulcain : le fils de Junon, oubliant les travaux de sa forge, menace son épouse infidèle et son heureux rival.

1084. « Déesses, compagnes des vertus célestes » qui reviennent parmi nous, chassez ces » monstres dégoûtans, pères des vices. » Version de la légende latine attachée à un laurier placé sur la droite du tableau, elle offre l'explication de l'allégorie. On voit en effet Minerve, le casque en tête, la lance en main, précédée de la Chasteté sous les traits de Diane; de la Philosophie sous ceux d'une femme portant un flambeau, qui chasse devant elle et poursuit les vices; la Luxure aux pieds de Satyre; l'Oisiveté et l'Inertie enfoncées dans un bourbier; la Fraude, la Malice, l'Ivrognerie, la Volupté et l'Ignorance couronnée portée par l'Ingratitude et l'Avarice. Planant dans les airs, la Justice, la Force, la Tempérance, reviennent sur la terre y fixer leur séjour.

MARATTA *ou* MARATTI, (CARLO), *né à Camerano di Ancona en* 1625, *mort en* 1713, *élève d'Andrea Sacchi*. (Ecole romaine.)

1085. La Vierge expose l'Enfant Jésus qui vient de naître à l'adoration des anges et des bergers.

1086. La Vierge tient des deux mains un voile de gaze dont elle va couvrir Jésus livré au sommeil, la tête appuyée sur la main droite, et le bras gauche posé sur un oreiller. Elle est accompagnée de Sainte Catherine d'Alexandrie et de trois anges placés au chevet du lit.

1087. S. Jean debout, les bras levés, exhorte

les Juifs à se convertir, et leur annonce l'accomplissement des prophéties.

1088. Mariage mystique de Sainte Catherine d'Alexandrie.

MASTELLETTA, (Gio Andrea Donducci, *dit* le) *né à Bologne en 15 5, mort en 1655, élève des Carrache.* (École bolonaise.)

1089. La première nuit que S. François d'Assise se retira dans l'église de Notre-Dame-des-Anges, il y vit au milieu de la Cour céleste et près de la Vierge, Jésus-Christ qui l'assura de sa protection pour l'établissement de son ordre. Le saint, pénétré de reconnaissance, dépose sur la première marche de l'autel la couronne de roses rouges et blanches venues des épines sur lesquelles il s'était roulé au mois de janvier, pour amortir le feu de ses passions. Ce tableau est attribué, par quelques personnes, à Annibal Carrache.

MAZZOLLINI, (Lodovico) *né en 1481, mort en 1530; élève de Lorenzo Costa.* (École de Ferrare.)

1090. La Vierge, accompagnée de S. Joseph, tient sur ses genoux l'Enfant Jésus qui joue

avec un petit singe. Ce tableau a été long-
tems donné au Garofolo.

MOLA, (Per Francesco) (Ecole bolonaise.).

On n'est point d'accord sur la patrie ni sur l'époque de la naissance de cet artiste, élève d'Albane. Passeri, auteur contemporain, assure qu'il naquit à Milan en 1612, et mourut à Rome en 1668.

1091. L'Ange du Seigneur apparaît dans le désert à Agar, lui annonce que son fils Ismaël doit être père d'un peuple nombreux; il leur indique une source d'eau pour les désaltérer.

1092. Repos de la Sainte-Famille : Saint-Joseph est absorbé dans la méditation.

1093. S. Jean-Baptiste, prêchant dans le désert, dit, en voyant Jésus venir à lui : *Voilà l'Agneau de Dieu.*

1094. Le même sujet traité dans une plus petite proportion.

1095. Vision de Saint Bruno dans le désert.

1096. Herminie, en gardant le troupeau du berger, trace sur l'écorce d'un hêtre le nom de Tancrède, objet de son amour.

1097. Herminie panse, avec l'aide de Vafrin, les blessures de Tancrède. Il est vainqueur d'Argant qu'on aperçoit plus loin, étendu sur la poussière.

MORALÈS.

1098. Jésus-Christ portant sa croix.

MURILLO, *ou plutôt* Estéban Murillo (Bartholomé) *né à Séville en* 1618, *mort en* 1682, *élève de Juan del Castillo* (École espagnole.)

1099. Le Mystère de la Conception de la Vierge Marie ; elle est vénérée par les Anges et par les hommes.

1100. Jésus assis, sur les genoux de sa mère, joue avec un chapelet.

1101. Le Père Éternel et l'Esprit-Saint contemplent l'Enfant Jésus : debout sur les genoux de sa mère, il reçoit une croix de jonc, qui lui est offerte par Saint Jean. Sainte Elisabeth accompagne son fils.

1102. Sur la montagne des Oliviers, un Ange présente à Jésus le Calice et la Croix : dans le lointain on aperçoit les Apôtres endormis.

1103. Saint Pierre à genoux demande pardon de son parjure à Jésus, qui est attaché à la colonne et a été flagellé.

1104. Saint Jean-Baptiste, encore enfant, tient une croix de jonc et pose le bras droit sur un agneau. Tableau attribué à Murillo.

1105. Un jeune mendiant assis, éclairé par le soleil qui entre par une fenêtre.

MUTIEN, (GIROLAMO MUZIANO) *né à Acquafredda, dans le Bressan, en* 1528, *mort en* 1592. (Ecole romaine.)

Il eut pour maître Girolamo Romanino et se perfectionna en étudiant les ouvrages du Titien.

1106. L'incrédulité de Saint Thomas.

1107. En présence de ses Disciples, Jésus ressuscite Lazare, à la prière de Marthe et de Marie

---

ORCAGNA *ou* ORGAGNA, (ANDREA) *né à Florence en* 1320, *mort en* 1389. (Ecole florentine.)

Orcagna a été peintre, sculpteur et architecte.

1108. La naissance de la Vierge. L'artiste a voulu faire connaître la distribution de l'appartement de S. Joachim : dans la première pièce à gauche, il a placé des femmes occupées des soins nécessaires à l'enfant qui vient de naître; dans la seconde en face, à travers la porte et les fenêtres, on aperçoit Sainte Anne dans son lit, assistée par deux autres femmes : enfin, dans la pièce à droite, S. Joachim, accompagné d'un vieillard, écoute attentivement un jeune garçon qui semble lui annoncer l'heureux accouchement de son épouse.

PALME LE VIEUX, (JACOPO PALMA) *de Serinalta, dans le Bergamasque.* (Ecole vénitienne.)

Il avait, selon les historiens, 48 ans quand il mourut, et cependant on ignore l'époque de sa naissance et celle de sa mort; il se forma sur les ouvrages de Giorgion.

1109. On croit communément que ce portrait est celui de Pierre du Terrail, *dit* le chevalier Bayard, ou le *chevalier sans peur et sans reproche*, tué en 1524, à la retraite de Rebec en Italie, à l'âge de 50 ans. Il est représenté remettant l'épée dans le fourreau, après avoir donné l'accolade à François Ier., roi de France, qui voulut être armé chevalier par ce preux, à la suite de la bataille de Marignan, en 1515.

1110. La Vierge et l'Enfant Jésus reçoivent les hommages de Sainte Elisabeth, du jeune Saint Jean, de Saint Joseph, de Saint Antoine ermite, de Saint Antoine de Padoue et de la Madeleine. M. R.

1111. *Ex voto.* La Vierge et Saint Joseph présentent l'enfant Jésus à l'adoration d'un jeune berger, dont les compagnons, dans le lointain, regardent avec surprise les anges qui leur annoncent la venue du Messie : une femme à genoux, les mains jointes, placée derrière la Vierge, est présumée la donatrice du tableau, que plusieurs personnes attribuent à Paris Bordone.

1112. Dans le milieu, la Vierge assise, tenant sur ses genoux l'Enfant Jésus debout; à la droite du Sauveur Sainte Agnès assise, et Saint Jean debout; à sa gauche, Sainte Catherine d'Alexandrie assise.

PANNINI, (GIAMPAOLO) *né à Plaisance en 1691, mort à Rome en 1764; élève de Benedetto Luti.* (Ecole romaine.)

1113. Festin donné sous un portique d'ordre

ionique. Pannini y a pris place. C'est lui dont la tête est couverte d'un bonnet de couleur bleuâtre, et qui porte sa main sur sa poitrine. Tableau de forme ronde.

1114. Répétition en petit du tableau précédent. Tableau carré oblong.

1115. Concert donné dans l'intérieur d'une galerie circulaire d'ordre dorique.

1116. Ruines d'architecture d'ordre dorique. Un homme, monté sur une partie d'entablement renversée, parle en présence de personnes bizarrement vêtues : dans le fond un temple d'ordre ionique.

PARMESAN, (Francesco Mazzuola, *dit* le) *né à Parme vers* 1503, *mort en* 1540. (Ecole de Parme.)

Il commença ses études dans l'école de ses oncles Michele et Pier Ilario Mazzuola ou Mazzola, et se perfectionna en copiant les ouvrages du Corrège.

1117. En présence de la Vierge, de Saint Joseph et de Sainte Elisabeth, Saint Jean-Baptiste reçoit les caresses de l'Enfant Jésus.

1118. Un ange, la Vierge, Saint Benoît et Saint

Jérôme regardent avec complaisance Sainte Marguerite qui caresse l'Enfant Jésus.

PASSIGNANO, (Domenico Cresti da) *né en 1560, mort en 1638.* (Ecole florentine.)

Le nom de Passignano lui vient du lieu de sa naissance, situé dans le Florentin; il étudia sous Batista Naldini et Federigo Zuccari.

1119. L'Invention de la Croix. « En 326, Sainte
» Hélène, mère de l'empereur Constantin,
» étant arrivée à Jérusalem, commença par
» faire abattre le temple et l'idole de Vénus
» qui profanaient le lieu de la Croix et de
» la résurrection. On ôta les terres, on
» creusa si avant, qu'on découvrit le Saint
» Sépulcre, et tout proche on trouva trois
» croix enterrées. On ne savait laquelle était la
» croix du Sauveur. L'évêque Saint Macaire
» imagina ce moyen de s'en éclaircir; il fit
» porter les croix chez une femme de qua-
» lité, malade depuis long-tems et réduite
» à la dernière extrémité; on lui appliqua
« chacune des croix en faisant des prières;
» sitôt qu'elle eut touché la dernière, elle
« fut entièrement guérie. » (*Fleuri, Hist. ecclésiast.*)

PAUL VÉRONÈSE, (PAOLO CALIARI) *né à Vérone vers 1530, mort en 1588.* (Ecole vénitienne.)

Il apprit à modeler sous le sculpteur Gabrielle Caliari, son père, et à peindre sous Antonio Badile.

1120. Une femme donne la main à un enfant effrayé à l'approche d'un chien.

1121. Loth et ses filles préservées de l'incendie de Sodôme par les anges du Seigneur. Plus loin son épouse changée en statue de sel.

1122 Suzanne au bain surprise par deux vieillards, juges du peuple.

1123. « Aussitôt qu'Assuérus eut levé la tête et
« qu'il eut aperçu Esther, la fureur dont il
« était saisi, paraissant dans ses yeux étin-
« cellans, la Reine tomba comme évanouie ;
« la couleur de son teint se changeant en une
« pâleur, elle laissa tomber sa tête sur la fille
« qui la soutenait. » (*Esther.*).

1124. « Jésus étant venu dans la maison de
» Pierre, vit sa belle-mère qui était au lit et
» avait la fièvre ; et lui ayant touché la main,
» la fièvre la quitta. » (*Saint Mathieu.*)

1125. Les noces de Cana. Le peintre a introduit dans cette immense composition les portraits d'un grand nombres d'illustres personnages de son tems; la plupart sont inconnus aujourd'hui: mais il passe pour certain que celui des convives qui est assis le premier dans le coin à gauche du spectateur, est Don Alphonse d'Avalos, marquis de Guasto; et que la mariée, derrière laquelle on aperçoit un fou qui avance la tête entre deux colonnes, a les traits d'Éléonore d'Autriche, sœur de Charles V, et femme de François Ier., roi de France. Ce Prince, coiffé d'une façon bizarre, est assis auprès d'elle; de l'autre côté est Marie, reine d'Angleterre, vêtue d'une robe jaune. Soliman II, empereur des Turcs, est près d'un prince nègre qui parle à l'un des serviteurs; plus loin Victoire Colonna, épouse du marquis Pescaire. A l'angle de la table, l'empereur Charles V, vu de profil, porte la décoration de l'ordre de la Toison d'or. Paul Véronèse s'est représenté lui-même avec les plus habiles peintres de Venise, ses contemporains, au milieu du groupe de musiciens qui occupe le devant du tableau. Il joue du violoncelle; derrière lui le Tintoret l'accompagne avec un instrument semblable, et le Titien joue de la basse. Celui qui est debout, vêtu d'une étoffe brochée, et qui tient une coupe remplie de vin, est Benedetto Caliari, frère de Paul.

1126. Jésus conduit vers le mont Golgotha succombe sous le poids de la croix ; deux bourreaux la soulèvent, et la Vierge s'évanouit dans les bras de Marie Madeleine.

1127. A la vue de Jésus crucifié entre deux larrons, la Vierge tombe évanouie dans les bras des saintes femmes.

1128. Les Pélerins d'Emmaüs. Parmi les spectateurs le peintre a placé son épouse et une partie de sa famille.

1129. La Vierge assise tient sur ses genoux l'Enfant Jésus debout ; Saint Georges, Sainte Catherine d'Alexandrie sont debout, et Saint Benoît est à genoux.

1130. Marie Madeleine soulève la main de l'Enfant Jésus et la donne à baiser à une religieuse bénédictine que Saint Joseph présente au Sauveur. Sainte Elisabeth, placée derrière la Vierge, forme une couronne d'une guirlande de fleurs.

PELEGRINI, (Antonio) *originaire de Padoue, né à Venise en 1695, mort en 1741. (Ecole vénitienne.)*

1131. Allégorie. La Modestie a offert le tableau de Pellegrini à l'Académie, personnifiée sous les attributs consacrés à la Peinture. Le génie de la France écrit le jugement favorable qu'elle en porte. Pellegrini fut reçu à l'Académie en 1753.

PÉRUGIN, (Pietro Vannucci, *dit le*) *né à Castel della Pieve di Perugia en* 1446, *mort en* 1524, *élève de Niccolo Alunno, de Pietro della Francesca et d'Andrea del Verrocchio.* (Ecole romaine.)

1132. Jésus ressuscité apparaît à la Madeleine, sur le troisième plan, vers la gauche du spectateur, on aperçoit près du monument, au milieu des soldats saisis de frayeur et renversés, Jésus sorti du tombeau s'élevant dans les airs. Tableau attribué par quelques personnes à Mariotto Albertinelli.

1133. La Vierge tenant l'Enfant Jésus.

1134. La Sainte-Famille.

PESARESE, (Simone Cantarini) *né à Pesaro en* 1612, *mort en* 1648. (Ecole bolonaise.)

Il apprit à dessiner chez Giacomo Pandolfi, à peindre chez Claudio Ridolfi, et se perfectionna auprès du Guide dont il fut l'imitateur.

1135. La Vierge contemple avec amour l'Enfant Jésus, et Saint Joseph se livre au sommeil.

PESELLINO, (Francesco Pesello, *dit il*) *né à Florence en* 1426, *mort vers* 1457; *élève de Francesco Peselto son père, et de Fra Lippi.* (Ecole florentine.)

1136. Deux tableaux renfermés dans un même cadre.

 1°. En présence de frère Léon, Saint François d'Assise reçoit les stygmates.

 2°. Les Saints frères Cosme et Damien visitent un malade et lui administrent des secours.

PIETRE DE CORTONE, (Pietro Berrettini *dit*) *né en* 1596, *mort en* 1669; *revendiqué par les* Ecoles florentine et romaine.

Il a été peintre et architecte, étudia sous Baccio Ciarpi à Florence et sous Andrea Comodi à Rome.

1137. Jacob et Esaü font le sacrifice d'un agneau pour confirmer leur réconciliation.

1138. La Nativité de la Vierge.

1139. Sainte Martine, entraînée dans le temple d'Apollon pour y sacrifier, fait le signe de la croix; aussitôt une portion du temple s'écroule, écrase le peuple et les prêtres des faux dieux.

1140. L'enfant Jésus assis sur les genoux de sa mère donne à Sainte Martine une tige de lis, et lui montre la palme qu'il lui destine.

1141. L'Enfant Jésus assis sur les genoux de sa mère reçoit de Sainte Martine une tige de lis et une palme, symbole de sa virginité et de son martyre.

1142. Faustulus, gardien des troupeaux d'Amulius, remet à Laurentia, son épouse, Rémus et Romulus trouvés sous une louve qui les allaitait. Elle est représentée avec ses nourrissons sur le troisième plan, à la droite du spectateur.

PIETRO *dit* Cosimo Rosselli, *né à Florence en* 1441, *mort en* 1521. (Ecole florentine.)

Son nom de famille est ignoré; il n'est connu que par celui de son maître Cosimo Rosselli, ajouté par habitude à son prénom.

1143. La tête ceinte d'une tiare semblable à celle du Pape, le Père Eternel, environné de la Milice céleste, pose la couronne de l'immortalité sur la tête de la Vierge prosternée à ses pieds. Sur le premier plan Saint Jérôme, Saint François d'Assise, Saint Bonaventure et Saint Louis, évêque de Toulouse, sont debout avec les symboles qui les font reconnaître.

PINTURICCHIO, (BERNARDINO BETTI ou) *né à Pérouse en 1454, mort en 1513; élève du Pérugin.* (Ecole romaine.)

1144. La Vierge et l'enfant Jésus dans ses bras.

1145. Jésus est crucifié; deux Anges le pleurent. Le bienheureux Gilles, franciscain, embrasse le pied de la croix. Il est accompagné de la mère du Sauveur et du disciple bien-aimé, tous deux à genoux et navrés de douleur.

POLIDORO CALDARA, *né à Caravaggio, dans le Milanais, vers l'an 1495, mort en 1543; il se forma dans l'école de Raphaël.* (Ecole romaine.)

1146. En présence de toutes les divinités rassemblées, Jupiter consent à l'union de Psyché avec l'Amour. Psyché est introduite par Mercure dans l'Olympe, et le maître des dieux lui présente une coupe remplie d'ambroisie qui doit lui assurer l'immortalité.

PONTORMO, (JACOPO CARRUCCI DA) *né en 1493, mort en 1558.* (Ecole florentine.)

Le surnom de Pontormo lui vient du lieu

de sa naissance, situé dans le Florentin. Inconstant dans sa manière d'étudier, il visita tour à tour les écoles de Léonard de Vinci, d'Albertinelli, de Pietro di Cosimo et d'Andrea del Sarto. Il porta cette légèreté d'affections dans ses ouvrages, qui présentent plusieurs manières différentes.

1147. Portrait présumé de Giovanni delle Corniole, célèbre graveur contemporain du Pontorme. Sa tête, vue presque de face, est couverte d'un bonnet à oreilles: il tient à la main un instrument de son art.

1148. La Vierge assise sur les genoux de Sainte Anne soutient l'Enfant Jésus; à leurs côtés on voit Saint Sébastien, l'apôtre Saint Pierre, Saint Benoît et le bon larron. Sous le nuage qui porte la Sainte-Famille, le peintre a représenté en particulier la seigneurie de Florence, précédée de deux trompettes et de trois valets de ville, allant le 26 juillet porter à l'église de S.-Anna-sul-Prato l'offrande décrétée par la commune en 1343, pour célébrer l'anniversaire de l'expulsion du duc d'Athènes, qui s'est emparé injustement du gouvernement de la république de Florence, après en avoir été chassé, à pareil jour.

PORTA, (Giuseppe) *né à Garfagnana en 1520, mort à Venise en 1570; élève de Francesco Salviati, peintre florentin C'est pour cette raison qu'on le nomme communément Porta del Salviati.*

1149. Adam et Eve chassés du Paradis terrestre.

PRIMATICCIO, (Francesco) *né à Bologne vers 1490, mort en 1570. (Ecole bolonaise.)*

Il apprit à dessiner chez Innocenzio Francucci da Immola, à peindre chez Bartolommeo Ramenghi, dit il Bagnacavallo, se perfectionna dans l'école de Jules Romain, et vint en France en 1531. Il a fait un grand nombre d'ouvrages à Fontainebleau, dont une grande partie n'existe plus.

1150. Scipion, après la prise de Carthagène, rend à Allucius la jeune princesse qui lui était fiancée, et ajoute à sa dot la rançon apportée pour la racheter.

1151. Sujet allégorique et inconnu.

PROCACCINI, (Giulio Cesare) *né à Bologne vers 1548, mort vers 1626. Les Ecoles bolonaise et milanaise le réclament.*

Il était fils du peintre Ercole Procaccini;

on prétend qu'il fut élève de Carrache; mais il est plus certain qu'il étudia les ouvrages du Corrège, et s'établit à Milan, où il forma avec sa famille une nouvelle école.

1152. S. François d'Assise, S. Jean-Baptiste, Sainte Catherine d'Alexandrie, offrent leurs hommages à la Vierge et à l'Enfant Jésus.

RAFFAELLINO DEL GARBO, *florentin, né vers 1466, mort en 1524; élève de Filippino Luppi.* (Ecole florentine.)

1153. En présence de la Cour céleste, la Vierge reçoit la couronne de l'immortalité des mains de son fils. Quatre saints religieux sont sur le premier plan; S. Benoît tient un livre et des verges; S. Salvi, évêque de Vérone, une crosse et un livre; S. Jean Gualbert Azzini, fondateur de la congrégation de Valombreuse, montre un crucifix; S. Bernard Degli Uberti, cardinal et évêque de Parme, coiffé du chapeau rouge, tient une mitre à la main.

RAFFAELLO SANZIO *ou* DI SANTI, *né à Urbin en 1483, mort en 1520.* (Ecole romaine.)

Son père était peintre; mais la conscience de sa médiocrité et le désir de seconder les talens naissans de son fils, lui firent trouver les moyens de le placer auprès du Pérugin. Raphaël ne tarda point à surpasser son maître et à former bientôt lui-même une école florissante. On compte parmi ses élèves et ses amis, dont le Musée possède des ouvrages, Jules Romain, Polidoro, Pierino del Vaga, And. Sabbatini, Garofolo, Andrea di Assisi Fra Bartolommeo, etc.

1154 Portraits de Raphaël et de son maître d'armes, ou, selon quelques personnes, portraits de Raphaël et du Pontorme, peints par ce dernier.

1155 Portrait de Jeanne d'Arragon, vice-reine de Sicile; la tête a été peinte par Raphaël et le reste par Jules Romain.

1156. Portrait du comte Balthasar Castiglione, ami de Raphaël : il est célèbre par plusieurs ouvrages et mourut évêque d'Avila, en 1529. M. R.

1157. Portrait d'un jeune homme dont la tête est appuyée sur la main.

1158. Portrait d'un homme dont le bras est appuyé sur une table.

1159. S. Michel terrasse le Démon. La scène se passe dans un désert hérissé de rochers et près de l'ouverture du goufre infernal. M. R.

160. Allégorie. S. Michel combat des monstres. Dans le lointain on voit une ville enflammée; des hommes vêtus d'une chappe de plomb, et plusieurs damnés tourmentés par des figures fantastiques. En peignant ce tableau, Raphaël paraît avoir eu en vue l'Enfer du Dante, et notamment le passage du 23e. chant: *Fratri Godenti fummo*, etc.

161. S. Georges, monté sur un cheval blanc, combat un énorme dragon qu'il a déjà blessé. La Vierge couronnée qui fuit sur le deuxième plan, paraît désigner la Cappadoce arrachée à l'idolâtrie par les soins de ce généreux martyr.

162. La Sainte-Famille, connue sous le nom de la Belle Jardinière. M. R.

163. L'Enfant Jésus s'élance de son berceau dans les bras de sa mère; il est adoré par S. Jean qui lui est présenté par Sainte Elisabeth. Un Ange répand des fleurs sur la Vierge; un autre se prosterne; S. Joseph est absorbé dans la méditation. Raphaël fit ce tableau deux ans avant sa mort en 1518, pour François 1er., roi de France. M. R.

164. L'Enfant Jésus repose; la Vierge soulève le voile dont il est couvert, pour le montrer à S. Jean.

1165. L'enfant Jésus, appuyé sur sa mère, caresse le jeune S. Jean qui lui est présenté par Sainte Elisabeth.

1166. La Vierge, l'enfant Jésus et S. Joseph.

1167. L'Abondance; modèle pour une fontaine. La Nymphe est debout dans une niche; au-dessous un mascaron, dont une coquille forme la bouche. Cette grisaille, sur laquelle on lit *Raphaël Urbinas*, est donnée par quelques personnes à Jules Romain, et par d'autres à Jean d'Udine, peintre que Raphaël a souvent associé à ses travaux, surtout pour les ornemens et les arabesques dont il enrichissait ses compositions.

RAPHAEL. (École de)

1168. Portrait d'homme vêtu de noir.

RICCI, (Sébastiano) *né à Cividal di Belluno, vers 1660, élève de Fed. Cervelli et d'Al. Magnasco, dit Lissandrino, mort en 1734.* (Ecole vénitienne.)

1169. Allégorie. Les Amours servent la France, dont un génie porte le diadême. La puissance exécutrice, décorée des attributs de Minerve et d'un chapelet, pour désigner la religion qu'elle professe, couronne la Vertu guerrière, s'entoure des productions des arts, foule aux pieds l'Ignorance, fait naître l'Abondance, et force le Tems à laisser reposer sa faulx. Ce tableau servit à la réception de l'auteur à l'Académie royale de peinture, en 1718.

ROMANELLI, (Gio. Francesco) *né à Viterbe en 1617, mort en 1662; élève de Pietre de Cortone.* (Ecole romaine.)

1170. Japis, instruit par Apollon dans l'art de guérir, essaie en vain d'arracher le trait de la jambe d'Enée. Enveloppée d'un nuage et servie par les Amours, Vénus touchée des souffrances de son fils, jette les sucs de l'ambroisie et de la panacée dans l'infusion des plantes employées par le fils d'Iassus, pour étancher le sang; bientôt les douleurs cessent, le sang s'arrête, le trait, sans aucun effort, suit la main qui le retire, Enée recouvre ses forces, et va retourner au combat.

ROSSELLI, (Matteo) *né en 1578, mort en 1650, élève de Grégoire Pagani, et de Domenico Cresti de Passignano.* (Ecole florentine.)

1171. La Vierge et les Anges apportent des fleurs et des fruits à l'Enfant Jésus assis sur les genoux de Saint Joseph.

1172. Le triomphe de David vainqueur de Goliath.

ROSSO, *florentin, mort en France, en* 1541.
(Ecole florentine.)

Il étudia le fameux carton de Michel-Ange, les ouvrages des anciens maîtres et dédaigna les écoles de son tems. Appelé par François Ier., il vint en France, où il fut connu sous le nom de maître Roux, fit plusieurs ouvrages à Fontainebleau, détruits aujourd'hui en grande partie, et termina sa vie par le poison, pour fuir le déshonneur d'avoir accusé injustement de vol Francesco di Pellegrino sonami.

1173. La Vierge est arrivée à la demeure de Zacharie, située dans la ville sacerdotale de la tribu de Juda. Là, en présence de plusieurs personnages, elle reçoit les hommages respectueux de Sainte Elisabeth. Derrière la mère du précurseur, S. Joseph, appuyé sur un bâton, paraît rendre compte à un vieillard de l'objet du voyage. Le peintre a supposé que Zacharie était jeune ; il l'a représenté debout sur la seconde marche qui conduit à son habitation, et tenant un grand livre ouvert, emblême qui sert à le faire reconnaître.

1174. Le Christ au tombeau.

SABBATINI, (Andrea) *né à Salerne, vers* 1480, *mort vers* 1545. (Ecole napolitaine.)

Un tableau peint par le Pérugin, pour la cathédrale de Salerne, détermine Sabbatini à l'aller prendre pour maître. Apprenant en route combien le jeune Raphaël lui était supérieur, il change de résolution, entre dans l'école de ce grand peintre, et se distingue par ses progrès. De retour dans sa patrie, il influa par ses ouvrages sur le style de l'école napolitaine.

1175. La Vierge visite Sainte Elisabeth. Sous la figure de la Vierge, le peintre a représenté la dernière princesse de Salerne, de la famille Villa Marina; sous les traits de Ste. Elisabeth, un eunuque de la maison; et sous celle de Zacharie, Bernardo Tasso, secrétaire des Princes de Salerne, auteur d'*Amadigi*, poëme en cent chants, fort estimé des Italiens. Il fut le père et le guide de Torquato Tasso, auteur de la Jérusalem délivrée.

SABBATINI, (LORENZO, *dit* LOREZINO DA BOLOGNA) *mort en* 1577, *trop jeune pour avoir été élève de Raphaël, dont il chercha à imiter le style.* (Ecole bolonaise.)

1176. Jésus debout sur son berceau et soutenu par sa mère, montre le ciel au jeune précurseur qui lui offre une croix de jonc.

SACCHI DI PAVIA. (PIERFRANCESCO) (Ecole milanaise.)

Il peignit à Milan dès l'an 1460, et à Gênes

jusqu'en 1526. Une aussi longue carrière ne paraît point avoir été parcourue par un seul artiste, et fait présumer l'existence de deux peintres portant le même nom, dont l'un aura succédé à l'autre.

1177. Sous un portique ouvert, soutenu par des pilastres richement décorés, les quatre Docteurs de l'Église latine sont assis autour d'une table de marbre blanc ; auprès d'eux on remarque les symboles donnés aux évangélistes. L'aigle est à côté de S. Augustin, Evêque d'Hipponne ; le bœuf près du Pape Grégoire-le-Grand ; l'ange près de S. Jérôme ; le lion ailé près de S. Ambroise, occupé à tailler une plume. Devant lui, une discipline indique sa conduite sévère envers l'empereur Théodose. Sur un cartel posé près du pied de la table, on lit : Pietri Francisci Sacchi de Papia, *opus* 1616.

SALVATORE ROSA, *né à Naples en* 1615, *mort en* 1673. (Ecole napolitaine.)

Il passa de l'école de Francesco Fracanziani dans celles d'Aniello Falcone et de l'Espagnolet. La peinture ne fut point son unique occupation. Il cultiva les muses, fit des satyres et grava à l'eau-forte.

1178. L'Ange du Seigneur dit à Tobie : « Prenez

» le poisson par les ouies et entraînez-le à
» vous. »

1179. La Pythonisse d'Endor évoque l'ombre de Samuel, par ordre de Saül, qui veut le consulter sur l'issue de la guerre entreprise contre David et les Philistins.

1180. Bataille sur terre. Embrâsement de vaisseaux sur mer.

1181. Paysage. Un Chasseur tue un oiseau d'un coup de fusil, et des guerriers se reposent sur la cime d'un rocher.

1182. Marine. Sur le devant, des guerriers couverts de leur armure; sur le second plan une barque et des mariniers.

1183. Une Marine.

SALVIATI, (FRANCESCO ROSSI DE) *né à Florence en 1510, mort en 1563.* (Ecole florentine.)

Il apprit à dessiner sous Baccio Bandinelli, à peindre chez Raffaello del Brescia, peintre peu connu, d'où il passa dans l'école d'Andrea del Sarto. Appelé par le roi François Ier., il vint en France en 1554, y fit quelques ouvrages, mais ne put s'y faire aimer, par la causticité de son esprit et la singularité de son caractère.

1184. L'Incrédulité de Saint Thomas.

SASSOFERRATO, (Gio Batista Salvi da) *né en 1605, mort en 1685.* (Ecole romaine.)

On ignore le nom de son maître.

1185. Sommeil de Jésus sur les genoux de sa mère. Des chérubins remplissent les angles supérieurs du tableau.

1186. Debout, les mains jointes, les yeux levés vers le ciel, la Vierge est transportée par des chérubins au céleste séjour.

1187. Tête de Vierge.

SCHIAVONE, (Andrea Medula, *dit* le) *né à Sebenico en Dalmatie en 1522, mort en 1582.* (Ecole vénitienne.)

Il se forma sur les ouvrages du Giorgion et du Titien.

1188. Le buste de Saint Jean-Baptiste. Tableau de forme ovale, attribué par plusieurs personnes à Raphaël.

SCHIDONE *ou* SCHEDONE, (Bartolommeo) *de Modène, où il mourut jeune en 1615.* (Ecole de Parme.)

Il se forma sur les ouvrages du Corrège, et fut, selon quelques personnes, élève des Carrache.

1189. La Sainte-Famille.

1190. Les Disciples de Jésus, guidés par un ange armé d'un flambeau, portent le corps du Sauveur à la sépulture.

1191. En présence des disciples et des saintes Femmes, le corps de Jésus, prêt à être enseveli, est posé avec l'aide de M.-Madeleine, sur le bord du monument.

SEBASTIEN DEL PIOMBO, (FRA BASTIANO LUCIANO *dit*) *né en* 1485, *mort en* 1547. (Ecole vénitienne.)

Il abandonna l'école de Gio. Bellini pour suivre celle du Giorgion. Michel-Ange l'aida de ses conseils et lui inspira un meilleur goût de dessin. Le titre de Fra del Piombo lui vient de la charge de scelleur qu'il exerçait à la chancellerie papale.

1192. Portrait de Baccio Bandinelli, peintre et sculpteur florentin.

1193. La Vierge vient visiter Sainte Elisabeth.

SERVANDONI, (GIO. NICCOLO) *architecte, peintre-décorateur, né à Florence en* 1695, *mort à Paris en* 1716. (Ecole romaine.)

1194. Réunion de ruines. Celles du premier

plan sont d'ordre ionique. L'ouverture d'une arcade laisse apercevoir un obélisque et les restes d'un temple d'ordre dorique. Sur le devant une femme debout cause avec un guerrier assis.

SOLARI ou del GOBBO, (Andrea) *vivait en 1530*. (Ecole milanaise.)

Elève de Gaudenzio Ferrari, on le confond quelquefois avec Andrea Salai ou Salaini, qui fut disciple de Léonard de Vinci, milanais comme Solari, et son contemporain.

1195. Salomé, fille d'Hérodiade, reçoit dans un bassin la tête de Saint Jean-Baptiste qui lui est présentée par un bourreau dont on ne voit que le bras. Ce tableau, souvent attribué à Léonard, avait été acheté par Louis XIV comme une production de Solari, et a toujours été compté au nombre de ses ouvrages dans les anciens inventaires.

1196. La Vierge donne le sein à l'Enfant Jésus couché sur un coussin recouvert d'une étoffe verte. M. R.

SOLIMENE, (Francesco Solomena) *dit* l'Abbate Ciccio, *né à Nocera de Pagani en 1657, mort à Naples en 1747*. (Ecole napolitaine.)

Elève pendant quelque tems d'Angelo Solimena son père, et de Francesco di Maria, il se forma une manière expéditive en étudiant les ouvrages de Lanfranc, du Calabrèse et de Pietre de Cortone.

1197. Malgré les vives représentations du grand prêtre Onias, Héliodore, pour obéir aux ordres de Séleucus, est entré dans le temple de Jérusalem dans le dessein d'en enlever le trésor ; mais ceux qui le suivent sont renversés par une vertu divine, et saisis d'une grande frayeur; lui-même foulé aux pieds d'un cheval monté par un guerrier revêtu d'armes éblouissantes, fouetté par deux jeunes gens d'une force et d'une beauté surprenantes; frappé d'aveuglement, chassé du temple, il ne doit le rétablissement de sa santé qu'aux prières d'Onias.

1198. Satan épie le moment favorable pour tenter Adam et sa compagne.

SPADA, (LIONELLO) *né à Bologne en 1576, mort en 1622.* (Ecole bolonaise.)

Il se forma à l'école des Carrache, de Cesare Baglione et de Girolamo Curti, dit le Dentone, et perfectionna ses talens à Rome et à Malte sous la conduite de M. A. de Caravage.

1199. L'Enfant prodigue implore la clémence de son père. M. R.

1200. Saint Christophe à genoux, dépouillé de ses vêtemens, prêt à être décolé, va recevoir d'un ange la couronne du martyre. Au bas du tableau une épée (en italien *spada*) coupée par la lettre L, forme le chiffre dont le peintre se servait pour signer ses ouvrages.

1201. Quatre jeunes gens vont exécuter un concert; l'un d'eux accorde son instrument; le plus âgé enseigne à son voisin la partie qu'il doit faire, et le plus jeune semble, par son geste, inviter les spectateurs au silence.

STROZZI *ou* STROZZA, (Bernardo) *né à Gênes en* 1581, *mort en* 1644. (Ecole génoise.)

Il est encore appelé il Capuccino ou il Prete Genonese, pour avoir été capucin et prêtre sécularisé. Il eut pour maître Pierre Sorri.

1202. Saint Antoine de Padoue tient l'Enfant Jésus qui le caresse.

1203. La Vierge, portée avec l'Enfant Jésus sur des nuages, indique sur le premier plan un ange qui montre les attributs de la puissance souveraine; un glaive, un sceptre, une couronne, un livre sur lequel on lit ces mots: *Suprema lex esto*, que la loi seule soit souveraine. A gauche, près de la bordure un faisceau d'armes, et à droite un niveau.

TIARINI, (Alessandro) *né à Bologne en 1577, mort en 1658.* (Ecole bolonaise.)

Il se forma dans les écoles de Prospero Fontana, de Bartolommeo Cesi et du Passignano.

1204. Saint Joseph, désabusé par l'ange du Seigneur, demande pardon à la Vierge d'avoir soupçonné sa vertu et formé le projet de la renvoyer à ses parens. Marie prend le ciel à témoin de son innocence, et les anges applaudissent à leur réunion.

TINTI, (Gio. Batista) *de Parme, vivait en 1590.* (Ecole parmesane.)

Il fut élève d'Orazio Samacchini, et perfectionna ses talens en étudiant les ouvrages de Tibaldi, du Corrège et du Parmesan.

1205. Le Mystère de la Passion. Les anges en présentent les instrumens à Jésus endormi sur les genoux de sa mère. Elle est accompagnée de Saint Joseph et d'un saint évêque. Sur le premier plan Saint Jean-Baptiste joue avec un mouton.

TINTORET, (JACOPO ROBUSTI *dit* LE) *né à Venise en* 1512, *mort en* 1594. (Ecole vénitienne.)

Il étudia les ouvrages de M. A. Buonarotti et ceux du Titien, qui le congédia de son école par jalousie, quelque tems après l'y avoir reçu.

1206. Portrait du Tintoret peint par lui-même.

1207. Portrait d'un homme chauve et portant barbe. Il est vêtu de noir, tient de la main droite un mouchoir, et de la gauche un bonnet.

1208. Portrait d'un homme dont la barbe rousse est fourchue, la tête nue avec des cheveux courts; il est couvert d'une robe noire sur un pourpoint violet ; la main gauche pose sur la hanche et la droite tient un papier.

1209. Suzanne au bain.

1210. Le Christ mort soutenu et pleuré par les anges.

1211. Esquisse du Paradis.

TITIEN, (TIZIANO VECELLIO) *né à Cadore en* 1477, *mort en* 1576. (Ecole vénitienne.)

Il passa de l'école de Sebastiano Zuccari

dans celle de Gio. Bellini, et devint l'émule du Giorgion. Ses élèves ou imitateurs, dont le Musée possède des ouvrages, sont Bonvicino *dit* le Moretto, Páris Bordone, le Tintoret, Bonifazio, etc.

1212. Ce tableau, très-ancien dans la collection du Roi, représente des portraits regardés depuis long-tems comme ceux du Titien et de sa maîtresse.

1213. Portrait de François Ier. Roi de France. Sa tête est couverte d'une toque ornée d'une plume blanche, et sa main posée sur la garde de son épée.

1214. Portrait du Cardinal Hypolite de Médicis en habit de guerrier : étude.

1215. Portrait d'un commandeur de l'ordre de Malte. Il porte barbe et un habit fourré.

1216. Portrait d'Alphonse d'Avalos, marquis de Guast, lieutenant-général des armées de l'Empereur Charles V, en Italie, mort en 1546, âgé de 42 ans. Il porte la main sur le sein de sa maîtresse, dont la beauté lui paraît digne des hommages de l'univers. L'Amour en lui confiant ses flèches, Flore et Zéphire en lui apportant le tribut de leur empire, semblent se tromper et la prendre pour la déesse de la beauté.

1217. Portrait d'un homme vêtu de noir, il porte barbe et moustaches, la main droite est posée sur la hanche, le pouce gauche passé dans une écharpe.

1218. Portrait d'un jeune homme vêtu de noir, le coude appuyé sur un socle ; la main droite est nue, la main gauche est gantée.

1219. Portrait d'homme à longue barbe ; la main gauche est appuyée sur un piédestal, et la droite pose sur la garde de son épée.

1220. Portrait d'homme vêtu de noir; la main droite est ouverte, la gauche posée sur le genou ; dans le fond une colonne posée sur un piédestal.

1221. Portrait d'homme. La main gauche est gantée, la droite tient un gant.

1222. Le Christ, un roseau à la main, est assis à la porte du prétoire; un soldat lui tient les mains liées, d'autres le couvrent d'ignominie et lui font entrer de force une couronne d'épine sur la tête. Le buste de Tibère, placé sur la porte de la prison, indique que ce fut sous le règne de cet Empereur que Jésus a été crucifié.

1223. Le Christ entre un soldat et un bourreau. Tableau de forme ronde, donné dans les anciens inventaires au Titien, et attribué par d'autres à Paris Bordone.

1224. Le Christ porté au tombeau. M. R.

1225. Les Pélerins d'Emmaüs. Si l'on en croit la tradition, le Pélerin qui est à droite du Sauveur représente l'Empereur Charles V, celui que l'on voit à sa gauche le Cardinal Ximenès et le Page Philippe II, qui fut Roi des Espagnes. M. R.

1226. La Vierge tenant l'Enfant Jésus sur ses genoux, lève de la main droite la partie du voile qui lui couvre le sein. A la droite du spectateur, Saint Etienne, premier martyr, en dalmatique; Saint Ambroise, occupé de la lecture, et Saint Maurice couvert de son armure.

1227. Deux Anges adorent l'Enfant Jésus couché sur les genoux de la Vierge.

1228 La Vierge assise à terre tient un lapin blanc que l'Enfant Jésus, dans les bras de Sainte Catherine, paraît lui demander avec instance. Sur la droite du tableau, des moutons paissent et Saint Joseph caresse une brebis noire.

1229. Sainte Agnès présente à Jésus, qui est debout sur les genoux de sa mère, la palme obtenue par son martyre, et pose la main sur l'agneau que St. Jean-Baptiste vient offrir au Seigneur.

1230. Saint Jérôme, à genoux dans sa grotte, se frappe la poitrine à coups de pierre.

1231. Première session du Concile de Trente, tenu le 13 décembre 1545, à laquelle les seuls ambassadeurs de Ferdinand, Roi des Romains, assistèrent ; celui de l'Empereur d'Autriche, était demeuré malade à Venise ; ceux de François 1er., Roi de France, avaient été rappelés à cause du long retardement de l'ouverture du Concile. Ce tableau, donné dans les anciens inventaires au Titien, est attribué aujourd'hui par quelques personnes à Bonifazio.

1232. Jupiter, sous la forme d'un satyre, considère Antiope endormie, et lève une draperie pour mieux jouir de ses charmes. Un simple tronc d'arbre la sépare de sa compagne, qui, ayant cueilli des fleurs, s'entretient avec un satyre ; à la droite du spectateur deux chasseurs animent leurs chiens à la chasse d'un cerf déjà atteint, sur les bords d'un torrent.

TORBIDO, (FRANCESCO) *dit* IL MORO, *de Vérone, élève du Giorgion et de Liberale, peintre de Vérone, qui le fit son héritier (Ecole vénitienne.)*

1233. Le Nain de l'Empereur Charles V, représenté en pied, de grandeur naturelle; il a le costume de chevalier et porte la main gauche sur un chien. Ce tableau a été souvent attribué à Antonio Moro, qui a beaucoup travaillé pour Charles V.

TREVISANI, (Francesco) *né à Trevigi en 1656; mort en 1746; élève d'Antonio Zanchi.* (Ecole vénitienne.)

1234. La Vierge couvre d'une draperie l'Enfant Jésus qui dort ; Saint Jean lui baise la main, trois anges charment son sommeil par leurs chants célestes.

1235 Jésus assis sur une table montre à sa mère une grenadille, symbole mystérieux de la Passion ; la Vierge, qui le soutient, lui montre une tige de lis, image de sa pureté inaltérable.

UGGIONE, (Marco) *mort en 1530.* (Ecole milanaise.)

Il est encore appelé Marco Uglone ou Marco da Oggiono, hameau du Milanais sa patrie; élève de Léonard de Vinci.

1236 L'Enfant Jésus, assis et accompagné de Sainte Anne, de Saint Joachim, de la Vierge et de Saint Joseph, refuse au jeune Saint Jean l'oiseau qu'il tient dans la main. Sur un plan plus éloigné, le peintre a représenté les Anges annonçant aux bergers la naissance du Messie

VACCARO, (Andrea) *né à Naples en 1598, mort en 1670.* (Ecole napolitaine.)

Elève de Girolamo Imparato, il imita d'abord le Caravage, puis le Guide.

1237. Vénus laisse éclater sa douleur à la vue d'Adonis, victime de la jalousie du dieu Mars, et blessé à mort par un sanglier.

VANNI, (Francesco) *né à Sienne en 1565, mort vers 1610.* (Ecole de Sienne.)

Il passa de l'école de Ventura Salunben, dans celle de Bart. Passaroti, de Gio, de Vecchi, et perfectionna ses talens en étudiant les ouvrages de Baroche et du Corrège. Il fut peintre et architecte.

1238. Un Ange présente à la Vierge des alimens pour l'enfant Jésus.

1239. l'Enfant Jésus, debout sur les genoux de sa mère, essaie d'atteindre aux fruits que Saint Joseph lui présente.

1240. Martyre de Sainte Irène. Cette Vierge ayant caché des livres saints, contre les ordres de l'empereur Dioclétien, fut mise en prison, percée d'une flèche, enfin brûlée par ordre de Dulcétius.

VASARI. (Giorgio) *né à Arezzo en* 1512, *mort en* 1674. (Ecole florentine.)

Il étudia d'abord sous Guillaume de Marseille, peintre français sur verre, puis sous M. A. Buonarotti, Andrea del Sarto, le Rosso, et devint peintre et architecte. Nous lui devons plusieurs ouvrages de littérature, dont le plus célèbre est la Vie des Artistes Italiens depuis la renaissance des arts jusqu'à l'époque où il vivait.

1241. L'Esprit-Saint pénètre des rayons de sa gloire la chambre de la Vierge. Assise près de son lit, elle porte modestement la main sur sa poitrine et paraît troublée. L'Ange Gabriel, à genoux sur des nuages, exécute avec respect le divin message.

1242 La Passion de Notre-Seigneur Jésus-Christ.

VELASQUEZ, (*don* Diego Rodriguez de Silvay) *né à Séville en* 1599, *mort en* 1660; *élève de Francisco Herrera le Vieux et de Francisco Pacheco.* (Ecole espagnole.)

1243. Portrait de l'Infante Marguerite Thérèse, fille de Philippe IV, Roi d'Espagne, et de Marie-Anne d'Autriche son épouse. Elle naquit le 12 juillet 1651, fut mariée à l'Empereur Léopold en 1666, et mourut le 11 mars 1673.

SUPPLÉMENT

ÉCOLE FRANÇAISE.

Copies exécutées par BON BOULLONGNE et d'autres peintres contemporains d'après les fresques peintes par Raphaël et qui se voient au Vatican :

1244. L'Incendie du Bourg.
1245. L'École d'Athènes.
1246. La Messe.
1247 Le Parnasse.
1248. Atilla chassé de Rome.

N. B. C'est d'après ces copies que l'on a exécuté aux Gobelins les tapisseries que Louis XIV donna au Pape Innocent XI ou Alexandre VIII, quelques années après l'établissement de l'Académie des Beaux-Arts à Rome.

1249. Le Christ au tombeau, d'après Michel-Ange de Caravage.

www.ingramcontent.com/pod-product-compliance
Lightning Source LLC
Chambersburg PA
CBHW050203230526
45470CB00001B/218